全本校註增刪卜易

心一堂術數古籍整理叢刊・占筮類

野鶴老人 原著
李凡丁(鼎升) 校註

Śūnyatā

書名：全本校註增刪卜易
系列：心一堂術數古籍整理叢刊 · 占筮類
作者：野鶴老人
校註：李凡丁（鼎升）
主編：陳劍聰
責任編輯：陳劍聰
心一堂術數古籍整理叢刊編校小組：陳劍聰 素聞 梁松盛 鄒偉才 虛白盧主 潘國森

出版：心一堂有限公司
地址／門市：香港九龍尖沙嘴東麼地道六十三號好時中心LG六十一室
電話號碼：(852)6715-0840
網址：http://www.sunyata.cc
電郵：sunyatabook@gmail.com
網上書店：http://book.sunyata.cc
網上論壇：http://bbs.sunyata.cc/

版次：二零一五年十一月初版

平裝

定價：港幣 三百八十元
人民幣 三百八十元
新台幣 一千四百九十八元

國際書號 ISBN 978-988-8316-38-0

香港及海外發行：香港聯合書刊物流有限公司
香港新界大埔汀麗路36號中華商務印刷大廈3樓
電話號碼：(852)2150-2100
傳真號碼：(852)2407-3062
電郵：info@suplogistics.com.hk

台灣發行：秀威資訊科技股份有限公司
地址：台灣台北市內湖區瑞光路七十六巷六十五號一樓
電話號碼：(886)2796-3638
傳真號碼：(886)2796-1377
台灣地區網絡書店：http://www.bodbooks.com.tw/

中國大陸發行．零售：心一堂
深圳店：中國深圳羅湖立新路六號東門博雅負一層零零八號
電話號碼：(86)0755-82224934
北京店：中國北京東城區雍和宮大街四十號
心一堂官方淘寶流通處：http://shop35178535.taobao.com

增刪卜易·卷七

野鶴老人著
楚江李坦我平鑒定
湖南李文輝覺子增删
山西李凡丁鼎升校註
婿陳文吉茂生
男茹芝山秀
仝訂

學業章第四十五

儒業①者：父母世爻同旺，終須變化成龍②；日月動爻相生，定是王家③儲器④。

世爻、父母爻皆宜旺相。或動而變吉；或父母持世，日月動爻生合世爻：攀龍附鳳⑤，指日可期⑥。

---

①『儒業』，讀書應舉之業。——鼎升註

②『成龍』，科舉及第；比喻成爲出人頭地的人。——鼎升註

③『王家』，猶王室，王朝，朝廷。——鼎升註

④『儲器』，儲備的人才。『器』，比喻人才。——鼎升註

⑤『攀龍附鳳』，『龍鳳』比喻有權有勢的人。『攀龍附鳳』喻指爲獲名利而去巴結投靠有權有勢的人。——鼎升註

⑥『指日可期』，爲期不遠，不久就可以實現。——鼎升註

財動卦中，青燈⑦不久；子孫持世，白首⑧無成。

財動尅文章，讀書中道而廢；子動無官之象，皓首⑨必不成名。

九流⑩者：財興官旺，道重人欽；兄動世衰，有毀無譽。

財持世，官持世，財、官、世爻皆宜得地。

兄動卦中，兄爻持世，只可糊口，難許成家。

覺子曰：古以『九流皆以官鬼爲吉』，殊不知天師⑪家及驅邪治鬼之家、巫師⑫、醫家，皆以子旺能於治鬼，必以子孫持世及子孫發動而爲吉也。

百工⑬皆以財爲用神，子孫爲元神，最忌兄爻持世及兄爻旺動者，勞碌終身。餘以《求財章》同斷。

以上皆不宜世爻空破墓絕休囚，諸事無成。

世若休囚而又臨鬼入墓，及受日月動爻沖尅，或動而化鬼化絕化尅者，不惟學業難成，且防不測。

---

⑦『青燈』，謂油燈，其光青瑩。借指孤寂、清苦的生活。——鼎升註

⑧『白首』，猶白髮。表示年老。——鼎升註

⑨『皓首』，白頭（指年老）。——鼎升註

⑩『九流』，戰國時的九個學術流派。即儒家、道家、陰陽家、法家、名家、墨家、縱橫家、雜家、農家。後來作各學術流派、各才藝技能的泛稱。——鼎升註

⑪『天師』，古代稱有道術者。——鼎升註

⑫『巫師』，古代稱事鬼神以替人祈福禳災爲職業的人。——鼎升註

⑬『百工』，泛指各種手工工匠。——鼎升註

治經章第四十六

古以『金作《春秋》、木作《毛詩》、水爲《書經》、火爲《禮記》、土爲《易經》⑭』。

覺子曰：不可概問，須指定一經而卜之，禱於神曰：我習此經何如？

文旺官興，王家梁棟⑮；世空子動，蓬蓽⑯寒儒⑰。

官持世，父動相生；或日月臨父母生世；或官爻旺相，父爻持世；及⑱世爻動而化吉，皆飛騰變化之兆也。

世空世破，及動而變凶，或子孫財爻持世，父母官鬼空破，須宜另習一經，虔誠再卜。

---

⑭『《春秋》』、『《毛詩》』、『《書經》』、『《禮記》』、『《易經》』，爲儒家的五部經典，通稱《五經》。史家一般認爲，自元朝始，由於確定以程朱理學爲正統思想，科舉考試遂以程朱理學家註釋的《五經》和朱熹的《四書集註》爲科舉考試的主要內容，對後世教育影響極大。——鼎升註

⑮『梁棟』，比喻擔負國家重任的人才。——鼎升註

⑯『蓬蓽』，蓬門蓽戶的簡稱。用草、樹枝等做成的門戶，形容窮苦人家所住的簡陋的房屋。——鼎升註

⑰『寒儒』，貧寒的讀書人。——鼎升註

⑱『及』，原本與敦化堂本俱作『乃』，當誤，據李紱抄本改。——鼎升註

如酉月丙子日，占本經⑲能發否？得益之觀——

應			世		
丶	丶	〃	〃	〃	〃 ○
卯木	巳火	未土	辰土	寅木	子水
兄弟	子孫	妻財	妻財	兄弟	父母
					未土 妻財

斷曰：卦中旺官合世，不宜初爻、朱雀、子水、文章，皆被未土回頭之剋，宜於改經。彼問：宜改何經？予曰：古法有之，予占不驗。意欲何經，再占一卦。

即卜《易經》。得天火同人——

應			世		
丶	丶	丶	丶	〃	丶
戌土	申金	午火	亥水	丑土	卯木
子孫	妻財	兄弟	官鬼	子孫	父母

予曰：旺官持世，雖以爲吉，父臨月破，再宜更之。

---

⑲『本經』，清代鄉試共分三場，第一場考八股文七篇，其中《四書》三題，《五經》每經四題，應考者選其所習之一種經考之，稱爲本經。——鼎升註

又占《書經》。

	乂	戌土	官鬼	巳火 妻財
世	〃	申金	父母	
	丶	午火	妻財	
	丶	亥水	兄弟	
應	〃	丑土	官鬼	
	丶	卯木	子孫	

旺父持世，官動生之，只因今日子日，沖動午火傷金，此經相宜。下科壬子，沖去午火，管許高發。果於子科中魁⑳。

---

⑳『魁』，此處『魁』指『鄉魁』，爲『《五經》魁』的一種。明清科舉制度，考生於《五經》試題裏各認考一經，錄取時，取各經之第一名合爲前五名，稱『《五經》魁』（因分房關係，實際不止五名）。鄉試中之『《五經》魁』亦稱『鄉魁』。——鼎升註

延㉑師章第四十七

父爻旺相，就而正焉㉒。

父母爻既爲師長，又爲詩書，延師受教，即以此爻爲用神。宜旺相，或臨日月，及動而化吉，可式可矜㉓；如若休囚空破墓㉔絕及動而化凶，有伴食㉕之譏，無師資㉖之益。

世位相生，博文㉗善誘。

父旺生合世爻，成人㉘有德；若尅世爻，而世爻得地者，有責成之功；世若休囚，必受師尊㉙之累。

㉑『延』，請。——鼎升註

㉒『就而正焉』，語出《論語・學而》：『君子食無求飽，居無求安，敏於事而慎於言，就有道而正焉，可謂好學也已。』意思是到有道的人那裡去匡正自己。——鼎升註

㉓『可式可矜』，可以敬重和取法，引爲楷模。——鼎升註

㉔『墓』，原本與敦化堂本、李紱抄本俱無，據如意堂本與文意補。——鼎升註

㉕『伴食』，陪同進食。喻陪襯，虛設。——鼎升註

㉖『師資』，培育；教導。——鼎升註

㉗『博文』，語出《論語・雍也》：『君子博學於文，約之以禮。』後以『博文』指通曉古代文獻。——鼎升註

㉘『成人』，成器，成材。——鼎升註

㉙『師尊』，對老師、師父的尊稱。——鼎升註

父入墓中，懶於教訓。

父爻入三墓及臨絕者，若非偷安㉚懶惰，定是師教不嚴。

財臨世上，懦弱不嚴。

財爻持世，乃我剋父母，若非師教不嚴，定是我淩㉛師長。

鬼化文書剋世，訟由乎學。

鬼動化父母沖剋世爻，異日必主爭訟，即使日月動爻制服鬼爻，亦不相宜。此故何也？神兆機於動，目前雖可制服，他日鬼逢生旺必見災非。不惟鬼動化父，但係鬼動剋世，或世動變凶，皆不宜從。

月扶世爻日助，青出於藍㉜。

世爻旺相；或父母持世，或官星持世，日月動爻生扶；及世爻動而化吉：必有長進，青出於藍。

動衰變旺，先惰後勤；動旺變衰，先勤後怠。

父爻衰而化生、化旺、化日月、化進神，皆主後勤。

父爻旺而化空破墓絕、化退神，皆主後怠。

父化父而殊㉝經；父化財而多病；父化鬼，顯貴之交；父化兄，貪財好利。

㉚『偷安』，苟安，只貪圖目前的安逸。——鼎升註

㉛『淩』，欺淩，欺壓。——鼎升註

㉜『青出於藍』，青是從藍草裏提煉出來的，但顏色比藍更深。比喻學生超過老師或後人勝過前人。——鼎升註

㉝『殊』，特異，出眾，突出。——鼎升註

三合連年受教，六沖半載難留。

世與父爻兼日月作三合者，情同父子，連年受業㉞門墻㉟，始終成就；卦得六沖，或世尅父爻，及父爻尅世者，彼此不投㊱，難收一歲之功。

父爲子而延師者，應爲西席㊲，世乃東家㊳，宜世應相生相合，不宜相尅相沖。應生世，我得其益；應空破，延之不就；應動，他心有變；世空，我意不專。

覺子曰：雖以世應爲主，父爻不可缺之：父旺與子孫相合，名實兼收；父動傷尅子孫，無益有害。子動化尅，不宜延之；子動化鬼，速宜辭絕。

㉞『受業』，跟從老師學習。——鼎升註

㉟『門墻』，指師長之門。——鼎升註

㊱『投』，合得來。——鼎升註

㊲『西席』，古時以坐西面東爲尊位，故用以尊稱家塾教師或幕友。——鼎升註

㊳『東家』，受人僱用或聘請的人對主人的尊稱。——鼎升註

如寅月戊午日，占子從師。

	丶	巳火	兄弟	
	〃	未土	子孫	
應	丶	酉金	妻財	
	丶	申金	妻財	
	〃	午火	兄弟	
世	乂	辰土	子孫	卯木 父母

子動化尅，不宜從之。不聽。後因師責，逃到橋頭，跌折左足。

求名章第四十八

野鶴曰：凡占小考㊴，嘗見占得吉卦，後竟道考㊵無名。何也？神之應近而不應遠，已應府、縣之有名也。必須先占縣考㊶，再占府考㊷，又占道考。俱得吉卦者，許之；內有卦而不吉者，勿望道考而成名也。

㊴『小考』，即童試。童試爲明、清科舉考試之一，是明、清初級入學考試之稱，包括縣試、府試和院試三個階段。清代對童試俗稱小考。考取者稱爲生員，即秀才。——鼎升註

㊵『道考』，也稱院試，是童試中最關鍵的一次考試。清順治年間（公元1644年~公元1661年）只有順天、江南、浙江的教育行政長官稱學政，其餘稱學道。所以，由學政主持的考試，稱爲院試，或稱爲道考。凡被錄取者即取得生員（秀才）的資格，撥往府、州、縣學學習。——鼎升註

㊶『縣考』，也稱縣試，是童試中的一次考試。由各縣的知縣（隸屬於府的各州、廳爲知州、同知）主持，凡被錄取者都可參加府試。——鼎升註

㊷『府考』，也稱府試，是童試中的一次考試。由各府的知府（各直隸州的知州，直隸廳的同知）主持，凡被錄取者都可參加院試。——鼎升註

童試㊸章第四十九

父旺官興，堪期首選㊹；官衰父發，亦許掄㊺收。

官星持世，得日月動爻相生相合，首選無疑。

父爻持世，得日月動爻相生合者，亦要㊻官星有氣，始許成名。

子興財發於卦中，難遊泮水㊼。

子動剋官，財動剋父，或持於世爻者，皆不宜也。

世破身空兼墓絕，再奮芸窗㊽。

世爻空破墓絕，或被日月動爻沖剋，及動而變凶者，不能遂志。

文旺遭傷，收而復棄；沖中逢合，見棄復收。

父母旺相，若化休囚空破墓絕、化回頭之剋，及被沖剋者，始取終棄。

㊸『童試』，參前『小考』。——鼎升註

㊹『首選』，科舉時代以第一名登第的人。——鼎升註

㊺『掄』，選擇，挑選。——鼎升註

㊻『要』，敦化堂本作『宜』。——鼎升註

㊼『遊泮水』，明清科舉制度，士子經過考試，取得進入府、州、縣學的生員（秀才）資格，稱爲入泮，也稱遊泮。府、州、縣學的學宮，都有一個半圓形的水池，稱爲泮水，所以稱府、州、縣學爲泮宮，稱入學爲入泮。——鼎升註

㊽『芸窗』，指書齋。——鼎升註

世與父爻動而逢沖，若得日月動爻相合者，謂之『沖中逢合』，必獲續取。

父衰變旺，愈出愈奇；文化退神，日長日短。

父衰，動而化旺，及化回頭生、化進神，文章得意，後勝於前。皆不宜化退神：旺化退神者，前篇稍遂，後勁不力；衰化退神，及化剋、化空破墓絕，或回頭剋者，『窗下千日之長，臨場一日之短』。

如亥月丙戌日，占道考。得豐之革——

	〃	戌土	官鬼	
世	ㄨ	申金	父母	酉金 父母
	丶	午火	妻財	
	丶	亥水	兄弟	
應	〃	丑土	官鬼	
	丶	卯木	子孫	

父母持世化進神，日建作官而生世，文章愈出愈奇，後勝於前，定蒙首取。果取案首㊾。

㊾『案首』，清代科舉考試中童生參加縣試、府試、院試，凡名列第一者稱爲案首（如縣案首、府案首、院案首）。又歲試、科試第一名亦用此稱。——鼎升註

又如卯月壬子日，占道考。得小畜——㊿

爻	地支	六親	世應	伏神
丶	卯木	兄弟		
丶	巳火	子孫		
〃	未土	妻財	應	
丶	辰土	妻財		伏 酉金官鬼
丶	寅木	兄弟		
丶	子水	父母	世	

子水父母臨日建，旺文持世，佳作定然得意。但不宜酉金官星臨月破，伏藏不露，幸得辰土作飛神，破而逢合，若在三月考之，必取。果考於三月，取之。

㊿原本與敦化堂本俱未排出伏神，據李紱抄本補。——鼎升註

又如辰月丁巳日，占續案能取否[51]？得革變既濟——

官鬼	未土	、、		
父母	酉金	、		
兄弟	亥水	○	世	申金 父母
兄弟	亥水	、		
官鬼	丑土	、、		
子孫	卯木	、	應	

前說父衰變旺爲吉，此卦世爻亥水，月剋日沖，幸化回頭之生，所以後得續取。

歲考[52]科考[53]章第五十

文宜旺相，最忌休囚；官宜生身，不宜剋世。

父與世爻旺相，又得日月動爻生扶，及動而化吉，全無破綻者，定考超等；若此兩爻旺而逢生，旺

[51]『占續案能取否』，原本與敦化堂本俱無，據李紱抄本補。——鼎升註

[52]『歲考』，清代各省學政巡迴所屬各州縣對生員（秀才）舉行的考試，考查生員（秀才）平時的學業。亦稱歲試。——鼎升註

[53]『科考』，清代科舉考試之一。清代每屆鄉試前，各省學政巡迴所屬各州縣舉行的考試。意在選送優等的生員（秀才）參加鄉試。亦稱科試。一般生員（秀才）不參加科考者，不得應鄉試。——鼎升註

而無生，相而遇扶，無刑沖剋破者，次之；有一而遇刑沖者，又次之；世爻受剋，教刑㊺不免；世、父同受剋，劣等無疑。

野鶴曰：此法是也，亦要人之通變，觀其父、世兩爻輕重而言之。卦之全美，世、父同旺有生扶，又無刑剋，卷之上上；以此捱次查之，或有生扶，而得六沖變沖、反吟伏㊾吟、變剋化絕，即是破綻。父爻受剋而無救，難免塗鴉㊿；世爻受剋而有扶，亦蒙姑貸㊵。

覺子曰：此以父爻之旺衰而列等第，是也。《易冒》謂：『卦得進神，考於上等；退神而考下等。㊽』假使卦無進退之神，何以定之？

㊺『教刑』，古代學校所用的刑罰，上古刑法的一種，原意爲以戒尺責打不遵守教令的人，後多用以戲稱責打。——鼎升註

㊾『伏』，原本與敦化堂本俱作『復』，顯誤，據李紱抄本與文意改。——鼎升註

㊿『塗鴉』，塗黑一片像烏鴉。常比喻字寫得難看或文章寫得不好。——鼎升註

㊵『姑貸』，姑息寬容。李紱抄本作『姑恕』。——鼎升註

㊽《易冒・功名章》原文作：『進神則上其名，退神則下其等。』——鼎升註

如申月乙巳日，占歲考。大過之鼎——

	世			應	
〤	○	丶	丶	丶	〃
未土	酉金	亥水	酉金	亥水	丑土
妻財	官鬼	父母	官鬼	父母	妻財
巳火	未土				
子孫	妻財				

嘗曰『財動尅父』，乃不通變之論也。此卦乃亥水父爻持世，申月生之，文旺而身亦旺，巳日沖之爲暗動，未土財爻雖動，喜其生助酉金，酉官生世，名爲接續相生，一定篇篇錦綉，財生官旺，優等幫糧。果取一等補廩⑤⑨。

野鶴曰：大凡卦逢六沖變沖，及六爻亂動，文旺世旺，還考平等；倘若文衰受尅，及世爻休囚被尅及變凶者，劣等無疑。

飛神無助身無尅，榮辱無施。

父爻出現，不旺不衰，雖無生扶，亦無尅制，而世爻不被沖尅者，可保平等。

---

⑤⑨『補廩』，明清科舉制度，生員（秀才）經歲、科兩試成績優秀者，增生可依次升廩生，謂之『補廩』。——鼎升註

伏藏旺相世遭傷，賞罰並見。

如午月乙卯日，占歲考。得地天泰——[60]

六親	五行	爻	世應	伏神
子孫	酉金	〃	應	
妻財	亥水	〃		
兄弟	丑土	〃		
兄弟	辰土	、	世	
官鬼	寅木	、		伏 巳火 父母
妻財	子水	、		

午火月建爲父母，而卦中之巳火伏藏於寅木之下，旺而又遇飛神之生，爻逢六合，只不宜日辰剋世。發落之日，蒙宗師[61]面叱，念字法古帖，姑取三等。後悟之，此巳、午之火，非文旺也，乃字端也。

但此卦雖多逢，事却少見，存之爲法。

---

[60] 原本與敦化堂本俱未排出伏神，據李紱抄本補。——鼎升註

[61] 『宗師』，舊稱受人尊崇，奉爲師表的人。清代尊稱學政爲宗師，亦取義於此。學政，清代提督學政的簡稱，也稱督學使者、學政使，俗稱大宗師、學臺。清順治年間（公元1644年~公元1661年）只有順天、江南、浙江的教育行政長官稱學政，其餘稱學道。清雍正四年（公元1726年）廢學道，各省督學統稱提督學院，官名則稱爲欽命提督某省學政。因兼考武生，故加提督銜。人選由翰林官及進士出身的部院官中選派，三年一任，掌管各省學校生員（秀才）考課陞降之事。——鼎升註

以上總而言之，父與世爻旺相，遇生扶爲上；略有破綻者次之；刑傷有救者又次之；刑傷無救而輕者，又次之；世、父被刑沖剋破而重者，劣等必矣。全要通變，須以卦之凶吉兼用神旺衰之輕重也。[62]

增廩[63]章第五十一

覺子曰：占廩若不得其秘訣，而望靈者少也。何也？占廩用財，財乃文章之忌神，不知其竅，卜歲考而兼問廩，財爻若旺，父母受傷；財如休囚，如何得廩？予有法也，先占歲科之吉凶，再占一卦而問廩，即其秘也。

專以財爻爲用神，財爻持世或動而生世爲吉，與《求財章》同斷。

有廩而恐失者，忌兄弟持世、兄爻發動及財逢空破墓絕、動而變凶，皆有失也；如官鬼兄爻剋世者，輕則革糧，重則追罰；倘卦中三合兄局者，亦主革廩。

---

[62] 李紱抄本前有『覺子曰』三字。——鼎升註

[63] 『增廩』，『增』即增生，『廩』即廩生。『廩生』，明清兩代稱由公家給以膳食的生員（秀才），又稱廩膳生。明初生員（秀才）有定額，皆食廩。其後名額增多，因謂初設食廩者爲廩膳生員，省稱『廩生』，增多者謂之『增廣生員』，省稱『增生』。又於額外增取，附於諸生之末，謂之『附學生員』，省稱『附生』。後凡初入學者皆謂之附生，其歲、科兩試等第高者可補爲增生、廩生。廩生中食廩年深者可充歲貢。清制略同。——鼎升註

考遺才⑥④章第五十二（凡告考同之）

官爻持世生世，我必蒙收；父母空破墓絕，他不見用。

如世爻受剋及空破墓絕，或動而化凶；或子孫持世，或動於卦中，皆不錄之。父母生世持世者吉，休囚空破者凶。

發案掛榜⑥⑤章第五十三

父爲用神。衰者宜生旺之日；旺而靜者，逢值逢沖之日；動而逢值逢合之日；空與入墓，必待沖開；破與旬空，須期填實。

予又得驗，心有憂懼，若得子孫持世，值子孫之日而發案；心有盼喜者，若得官星持世，逢官鬼之日而掛榜。

---

⑥④『考遺才』，清代於每屆鄉試前舉行科試，應試生員（秀才）考在一、二等及三等名列前茅（大省前十名，中、小省前五名）者，得參加鄉試。三等十名以下及因故未參加科試的生員（秀才），得再參加錄科考試。錄科考試未取及因故未參加者，可參加錄遺考試。經錄科考試和錄遺考試錄取者，與科試錄取者具有同等資格參加鄉試。錄遺考試亦稱遺才試。——鼎升註

⑥⑤『掛榜』，張掛公布考中的名單。——鼎升註

廷試⑥⑥章第五十四（與會場⑥⑦兼斷）

官星爲用，父爻次之，若持世爻，得日月歲五生合者，定蒙首拔。官、父、世爻三合，定蒙異寵隆恩⑥⑧。世與官爻，有一而逢空破墓絕、刑沖尅害，及動而變凶者，不祥之兆。歲五官鬼沖尅世爻者，不測之災。

---

⑥⑥『廷試』，科舉制度會試中式後，由皇帝親自策問，在殿廷上舉行的考試。通常稱殿試。——鼎升註

⑥⑦『會場』，會試，指會試的場所。——鼎升註

⑥⑧『隆恩』，厚恩，大恩。多指皇恩。敦化堂本作『降恩』，當誤。——鼎升註

鄉試⑲會試⑳章第五十五

父旺官興，姓標虎榜㉑。

父官持世而旺相，或臨日月，或日月動爻生扶，及動而變吉，名登龍虎㉒。

⑲『鄉試』，清代科舉考試分鄉試、會試、殿試。鄉試每三年一科，於子午卯酉年八月在各省省會舉行，稱爲正科。遇登極、萬壽等慶典，特詔舉行的，稱爲恩科。慶典適逢正科之年，則以正科爲恩科，而正科或於前一年預行，或於後一年補行，清代後期，還有恩科、正科合併舉行的事例。鄉試取中者爲舉人，舉人經過磨勘和復試後可參加會試。——鼎升註

⑳『會試』，清代科舉考試分鄉試、會試、殿試。鄉試取中者爲舉人，舉人經過磨勘和復試後可參加會試。會試每三年一科，即在鄉試之次年，丑未辰戌年春天在禮部舉行。會試的具體時間，清初定於二月，清雍正五年（公元1727年）將入場之期改爲三月，清乾隆十年（公元1745年）後成爲定例。會試取中者爲貢士，貢士再經復試即參加殿試。——鼎升註

㉑『虎榜』，龍虎榜的簡稱。即進士榜。唐貞元八年（公元792年），歐陽詹與韓愈、李絳等二十三人於陸贄榜聯第，詹等皆俊傑，時稱『龍虎榜』。後因謂會試中選爲登龍虎榜。到了清代則專稱武科進士榜曰『虎榜』。又清初規定，省直鄉試放榜日期，大省於九月五日前，中、小省於八月末，發榜多在寅日或辰日，而寅屬虎，辰屬龍，於是人們稱之爲『龍虎榜』。——鼎升註

㉒『龍虎』，參前『虎榜』。——鼎升註

子搖財動，名落孫山⑬。

子孫財爻持世，及動於卦中，終須下第⑭。

兄弟乃奪標之惡客⑮。

俗傳『兄弟爻興難上榜⑯』，凡見兄爻持世及動者，皆以爲之不吉。殊不知有喜有忌：所喜者，卦中財、父同興，喜其兄動以制財也；卦中父、官兩動者，又喜兄爻持世，父動以生世也；兄弟持世，若臨日月或旺相，再得官、文兩旺，或官動生父、父動生世，必忝⑰科名，只不能掄元⑱而奪魁⑲也，故謂之『兄弟乃奪標之客』。

覺子曰：卦中官鬼、子孫同動，官臨旺相遇生扶，子孫衰弱而被剋，再宜父動，最怕兄興。

日月爲制煞之將軍。

---

⑬『孫山』，典出宋范公偁《過庭錄》：『吳人孫山，滑稽才子也。赴舉他郡，鄉人託以子偕往。鄉人子失意，山綴榜末。先歸，鄉人問其子得失。山曰：「解名盡處是孫山，賢郎更在孫山外。」』後以孫山作爲考末名的代稱。名落孫山、孫山之外，皆謂科舉不中。——鼎升註

⑭『下第』，猶落第，科舉考試未被錄取。——鼎升註

⑮『惡客』，庸俗不堪或不受歡迎的客人。——鼎升註

⑯《易林補遺・易林總斷章》有『兄弟雷同難上榜，子孫如動不榮昌』一句。——鼎升註

⑰『忝』，音tiǎn【舔】。辱沒，愧於。後常用做謙詞。——鼎升註

⑱『掄元』，科舉考試中選第一名。——鼎升註

⑲『奪魁』，奪冠，取得第一。——鼎升註

官星父母世爻，有一而被動爻剋制，或化回頭之剋，若得日月沖制剋神，亦許得意，故謂之『制惡煞之將軍』。

又如世爻旺相，而官父兩爻若有一而伏藏不現，倘得日月沖制飛神，提出伏神者，亦許高發；又如官父世爻，有一而不旺者，若得日月生扶，亦同此意。

三合無沖，連登甲第[80]。

官、父、世爻合成父局官局，不遇日月沖破者，定許連登；倘若合成兄局，得遇日月生扶，官星亦旺者，亦許得意；惟忌合成子孫局者，不爲吉也；合成財局雖不爲美，然亦得驗於吉者。

如卯月甲申日，占會試。得艮之益——

世			應		
丶	ㄨ	〃	○	〃	ㄨ
寅木	子水	戌土	申金	午火	辰土
官鬼	妻財	兄弟	子孫	父母	兄弟
	巳火		辰土		子水
	父母		兄弟		妻財

寅木旺官持世，申日沖之暗動，又得日辰會成財局，不惟不剋世爻，反來生世，一定高捷。果得及第[81]。

[80]『甲第』，科舉考試中的第一等；明清時稱進士。——鼎升註

[81]『及第』，科舉時代考試中選。特指考取進士，明清兩代只用於殿試前三名。——鼎升註

六爻競發，空赴科場⑧②。

舊係『六爻競發，功名恍惚以難成』，此論是理。

予見占功名之必中者，卦象一成，若非旺父生身，定是旺官持世。功名若無成者，不是子孫持世，即是子孫財爻發動，或是世破世空，或是六爻亂動，名必無成。

出現無情，難遂青雲之志⑧③。

父與官星雖則出現，若不生合世爻，或不持世，或世爻空破，亦屬無益。父與官星生合世爻，若又被日月動爻沖壞者，亦作無情之喻。

伏藏有用，終辭白屋⑧④**之人**。

官父有一而不上卦，須看伏神：若伏而旺相，或得日月沖去飛神，生起伏神，一准登科⑧⑤。

太歲作官星，終登黃甲⑧⑥。

太歲乃人君之爻，官臨太歲，動而生合世爻，乃人臣面君之象，當主君臣契合，連捷無疑。太歲必要入爻，入爻亦要發動，或持世爻，始如此說。

---

⑧② 『科場』，科舉時代舉行考試的場所。——鼎升註

⑧③ 『青雲之志』，喻指遠大的志向。——鼎升註

⑧④ 『白屋』，茅屋。古代指平民的住屋。因無色彩裝飾，故名。——鼎升註

⑧⑤ 『登科』，科舉時代應考人被錄取。——鼎升註

⑧⑥ 『黃甲』，科舉甲科進士及第者的名單，因用黃紙書寫，故名。也指進士及第者。——鼎升註

日月沖尅世，且守青燈。

卦中官文雖旺，而世爻休囚空破墓絕，及動而變凶，或日月沖尅世爻，須知求名在我，我位既失，何以成名？

卦遇六沖，此去難題雁塔[87]；爻逢六合，這回必奪鰲頭[88]。

如午月丙辰日，占鄉試。得兌卦——

青龍	元武	白虎	螣蛇	勾陳	朱雀
世			應		
ヽヽ	ヽ	ヽ	ヽヽ	ヽ	ヽ
未土	酉金	亥水	丑土	卯木	巳火
父母	兄弟	子孫	父母	妻財	官鬼

舊註：『卦逢六沖，沖之即散。[89]』予見此卦雖係六沖，世、父[90]皆逢旺地，不敢決之，請之再占一卦。

---

[87]『題雁塔』，『雁塔』，塔名。在今陝西省西安市南慈恩寺中，亦稱大雁塔。在大雁塔內題名，是舊時考中進士的代稱。——鼎升註

[88]『鰲頭』，科舉考試殿試中取中一甲第一名，即狀元。——鼎升註

[89]《卜筮全書·黃金策·求名》原文作：『凡事遇合則聚，逢沖則散。』——鼎升註

[90]『父』，原本與敦化堂本俱作『爻』，當誤，據李紱抄本改。——鼎升註

又得臨之師——

〃	酉金	子孫		
〃	亥水	妻財	應	
〃	丑土	兄弟		
〃	丑土	兄弟		
丶	卯木	官鬼	世	
○	巳火	父母		寅木 官鬼

此卦官星持世，雖則不旺，初爻官生文旺，與前卦相合，許之必發。果得成名。

凡得六沖卦，官、父、世爻俱旺者，不必再占，竟許必發；如欠旺者，須再占一卦，再得吉者，以吉斷之，後卦凶者，即以凶推。[91]

凡得六合卦，亦要官、父、世爻得地，有一失陷，不遇生扶者，雖六合亦無益矣。

父旺官衰，終須下第。

父爻旺相，官臨空破墓絕，及動而變凶變尅，雖有錦綉文章，終遇紅紗蔽目[92]。

---

[91] 李紱抄本前有『野鶴曰』三字。——鼎升註

[92] 『紅紗蔽目』，疑為『紅紗蔽日』之誤，敦化堂本作『紅紗蔽日』。『紅紗』，也作『紅沙』、『紅砂』或『紅煞』，每一季节的孟月酉日、仲月巳日、季月丑日為紅紗日，忌出行嫁娶等。『蔽日』，遮蔽陽光。——鼎升註

父衰官旺，堪許登科。

官爻旺而生世持世，若是父爻不旺，謂之『福齊文不齊』，反許遂志⑬。

應合日生，必資鶚薦⑭。

官、文兩旺，而世爻不旺，或得日月扶助，又得應爻動而生合世爻者，必得推薦之力。

動傷日尅，還守鷄窗⑮。

應爻動爻雖來生合世爻，而應爻動爻又被日月沖尅者，薦亦無功。

世動化官化尅，蝶夢⑯**堪憂。**

舊有『身官化鬼月扶，連步蟾宮⑰』。

---

⑬『遂志』，實現志願，滿足願望。——鼎升註

⑭『鶚薦』，典出《後漢書・禰衡傳》。後漢孔融上表薦禰衡曰：『鷙鳥累百，不如一鶚。使衡立朝，必有可觀。』後因謂舉薦人才爲『鶚薦』，薦書爲『鶚書』。——鼎升註

⑮『鷄窗』，典出《藝文類聚・幽明錄》：『晋兗州刺史沛國宋處宗嘗買得一長鳴鷄，愛養甚至，恒籠著窗間，鷄遂作人語，與處宗談論極有言智，終日不輟。』後遂以鷄窗謂書窗、書齋。——鼎升註

⑯『蝶夢』，典出《莊子・齊物論》：『昔者莊周夢爲胡蝶，栩栩然胡蝶也，自喻適志與！不知周也。俄然覺，則蘧蘧然周也。不知周之夢爲胡蝶與，胡蝶之夢爲周與？周與胡蝶，則必有分矣。此之謂物化。』後因以『蝶夢』喻迷離惝恍的夢境。——鼎升註

⑰《卜筮全書・黃金策・求名》原文作：『身官化鬼月扶，則鵬程連步蟾宮。』『步蟾宮』，唐以來稱科舉及第爲蟾宮折桂，因以指科舉及第爲『步蟾宮』。——鼎升註

又曰：『身興變鬼，來試方成。』
又曰：『身動化空用旺，豹變⑱翻成蝶夢。⑲』
皆以卦身而言。予試總無應驗，惟驗於世爻。而世爻化鬼亦有兩驗：
卦中父母旺相，而世爻化出官星者，若不回頭剋世，乃爲變官，今科即中，豈待來科？
世若休囚被剋，動而化出官星者，乃爲化鬼，不惟不中，且見危災；化出鬼爻剋世者，更凶。

⑱『豹變』，語出《周易・革》：『君子豹變，小人革面。』豹的花紋變美。多比喻人去惡向善或由賤至貴。——鼎升註
⑲《卜筮全書・黃金策・求名》原文作：『世動化空用旺，則豹變翻成蝶夢。』——鼎升註

如卯月戊辰日，占鄉試。得離之既濟——

世			應		
○	✕	○	ヽ	ヽヽ	ヽ
巳火	未土	酉金	亥水	丑土	卯木
兄弟	子孫	妻財	官鬼	子孫	父母
子水	戌土	申金			
官鬼	子孫	妻財			

舊註：『身官化鬼月扶，則鵬程[100]連步蟾宮。』謂『卦身如得官父臨之，必有成望[101]；若得出現發動，化出官爻，又得月建生合者，必主聯捷[102]』。

覺子曰：此卦巳爲卦身，又是世爻變出子水官星，又得月建生合，正合此說，竟未見其連捷。不惟不能連捷，且難保其長年[103]。其故何也？因變出子水之鬼回頭尅世，客死[104]於途。

---

[100]『鵬程』，比喻前程遠大。——鼎升註

[101]『成望』，成功的希望。——鼎升註

[102]《卜筮全書·黃金策·求名》原文作：『卦身爲萬事之體，功名尤宜看之：最怕臨財臨福，便不容易；如得官父臨之，必有成望。更若出現發動，又化官爻，而得月建生合者，大吉之兆，必主聯科及第，非特京省一捷而已。』——鼎升註

[103]『長年』，長壽。——鼎升註

[104]『客死』，死在他鄉或外國。——鼎升註

如酉月丁巳日，占鄉試。得小過之泰——

	〃	戌土	父母		
	〃	申金	兄弟		
世	○	午火	官鬼	丑土	父母
	丶	申金	兄弟		
	ㄨ	午火	官鬼	寅木	妻財
應	ㄨ	辰土	父母	子水	子孫

世爻午火官星，化出丑土文章，官文兩旺，因丑父旬空，午歲鄉試得意，丑年甲榜[105]先登。

覺子曰：若以『世動化空用旺，豹變翻成蝶夢[106]』，此卦豈非世動化空耶？午年登科，丑年發甲[107]，而未見其蝶夢。所以化空者，必應實空之年也。

身與化旺化生，龍池[108]變化。

世爻旺相，動而變出官星，回頭生合世爻者，不作變鬼，乃爲變官。

---

[105]『甲榜』，元明以來稱進士爲甲榜，因以指中進士的人。——鼎升註

[106]《卜筮全書・黃金策・求名》原文作：『世動化空用旺，則豹變翻成蝶夢。』——鼎升註

[107]『發甲』，指科考中式。——鼎升註

[108]『龍池』，中書省（官署名。始設於魏晉，是奉皇帝意旨掌機要、發政令的中央機構）；借指內閣（官署名。明初廢丞相，以大學士爲皇帝顧問。明成祖即位後，命翰林院編修、檢討等官入午門內的文淵閣當值，參預機要，稱內閣。後入閣者多爲實權人物，內閣地位居六部之上。清沿設）。——鼎升註

如卯月乙未日，占會試。得觀之履——

	丶	卯木	妻財		
	丶	巳火	官鬼		
世	ㄨ	未土	父母	午火	官鬼
	〃	卯木	妻財		
	ㄨ	巳火	官鬼	卯木	妻財
應	ㄨ	未土	父母	巳火	官鬼

未土父母臨日建而持世，化出午火官星回頭生世，二爻巳火又生世爻，初爻未土又來扶拱，許之高發。果中會魁(109)。

世退官星化退，窗下囊螢(110)。

世與官、父俱旺，內有一而化進神者，名姓高懸。占鄉試者，必然聯捷。

獨不喜之化退神：世化退神，若非臨場之阻，必無勇往之心；父化退神，學問日頹，文章漸腐；官化退神，皓首無成。當於《進退章》中參考。

(109)『會魁』，『《五經》魁』的一種。明清科舉制度，考生於《五經》試題裏各認考一經，錄取時，取各經之第一名合爲前五名，稱『《五經》魁』（因分房關係，實際不止五名）。會試中之『《五經》魁』亦稱『會魁』。——鼎升註

(110)『囊螢』，用袋裝螢火蟲。《晉書·車胤傳》載：晉代車胤因家貧窮買不起燈油，夏天就用袋裝螢火蟲照明讀書，日夜攻讀，終於成爲有學問的人。後以『囊螢』用作刻苦讀書的典故。——鼎升註

財臨白虎持身，幃⑪前枕塊⑫。

舊係『財臨白虎必丁憂⑬』。然亦不惟臨虎，凡遇財爻持世，或財動卦中，父母又值休囚空破，及財動化父、父動化財，皆有驗之。

乾卦如天，亦要官文兩旺；雷聲如震，猶有空破爲嫌。

古以『乾、震二卦，即以爲吉』，予試務必官、文兩旺，始以吉斷，否則未見爲吉。

衰旺尅沖，輕重須宜細玩；墓絕空破，《應期章》內詳之。

前《應期章》須宜熟記。各門各類，無不問其應期，熟則觸類旁通，隨心應口。

凡遇用神，衰要有根，旺宜中和，尅要有救，沖要逢合。

---

⑪『幃』，音wéi【圍】。帳子，幔幕。——鼎升註

⑫『枕塊』，古時居父母喪，睡時頭枕土塊，表示極其悲痛。——鼎升註

⑬《卜筮全書・黃金策・仕宦》原文作：『財臨虎動必丁憂。』『丁憂』，舊時稱遭父母之喪爲丁憂，也叫丁艱。父母死後，子女要在家守喪三年，不做官，不婚娶，不赴宴，不應考。——鼎升註

陞選候補⑭章第又五十五

官爵榮身，須宜持世；財祿恩養，最喜生身。

旺官持世，及日月動爻作官星生合世爻，或世爻發動，化出官星生世，皆吉。

又曰：『財動生官得美缺⑮，官臨日月必超遷⑯。』

子孫持世，休望榮除⑰；官位破空，勿思陞選。

子孫持世，子孫動於卦中，陞選無期。

官臨空破墓絕，及動而變凶，補陞尚早。

雨露承恩⑱，合中逢合。

世與官星，三合官局財局，或生世，或世在局中，或官星持世與日月動爻相合，得逢六合卦，及卦動變六合者，皆是承恩之日。

---

⑭『候補』，清代制度。凡在吏部候選之官員，由吏部根據其職位、資格、班次進行抽籤，每月舉行一次。抽中者分至某部或某省等候任用。——鼎升註

⑮『美缺』，好職位。常指如意的官職。——鼎升註

⑯『超遷』，越級陞遷。——鼎升註

⑰『榮除』，謂榮授官職。——鼎升註

⑱『雨露承恩』，滋生萬物的雨露的恩情。比喻恩澤、恩情。——鼎升註

如申月乙亥日，占缺得否？井之節——

世			應		
〃	丶	〃	○	丶	ㄨ
子水	戌土	申金	酉金	亥水	丑土
父母	妻財	官鬼	官鬼	父母	妻財
			丑土		巳火
			妻財		子孫

斷曰：內卦巳酉丑合成官局而生應爻，不來生世，正所謂『出現無情』，此缺不得。彼曰：如何不得？予曰：官生應爻，一定不得。後果另點[119]他人。

風雲未際[120]，沖上逢沖。

世官不旺，又得六沖，或是官被日月相沖，或是卦得六沖變沖，乃風雲未際之時也。

元神衰靜，洩氣爻搖，問陞選以無期。

假令官爻屬木，水爻衰而不動，火爻發動是也。餘倣此。

---

[119]『點』，指定，選派。——鼎升註

[120]『風雲未際』，『風雲』，比喻難得的機會；『未際』，未遇。比喻有能力的人沒有遇上好的機會。——鼎升註

世爻發動，官化進神，望榮除而在即。

世爻發動，或動而化吉，或祿馬貴人臨世，及官動化吉，生合世爻，皆可束裝以待[121]。

世官破而休望，世福空而亦陞。

世臨月破，即使官星持世，不獨不能陞遷，且防他變。

子孫持世值旬空，亦不當陞，若占三兩日之內者，許之必得。其故何也？子孫尚未出空，不尅官也。

野鶴曰：占過三人，俱皆得官，得官之後，隨即死亡。

申月戊寅日，占得差[122]否？澤天夬——

	世			應	
、、	、	、	、	、	、
未土	酉金	亥水	辰土	寅木	子水
兄弟	子孫	妻財	兄弟	官鬼	妻財

斷曰：子孫持世，此差不得；世空亦不得。豈知不出三日得差，行至中途而死。其故何也？三日之內而得差者，子孫未出空也；中途而死者，世爻空也。

---

[121]『束裝以待』，整理好行裝，等待出發。——鼎升註

[122]『得差』，得到差事；得到職業。——鼎升註

又寅月庚辰日，占得缺否？得水天需——[123]

爻	地支	六親	世應
⚋	子水	妻財	
⚊	戌土	兄弟	
⚋	申金	子孫	世
⚊	辰土	兄弟	
⚊	寅木	官鬼	
⚊	子水	妻財	應

野鶴曰：予凡占得不驗之卦，刻刻在心，因見此卦，悟前點差[124]之卦。此卦亦是子孫持世遇旬空，亦是只在三兩日命下，予竟許之。果得缺，不出兩月而亡。

---

[123] 原本作『又寅月庚辰日，占』，據李紱抄本補。敦化堂本作『又寅月庚辰日，占得水天需』。——鼎升註

[124] 『點差』，點某人當差。——鼎升註

又辰月丁丑日，占起用⑫⑤，已列名矣。

應	丶	卯木	官鬼	
	丶	巳火	父母	
	〃	未土	兄弟	
世	○	申金	子孫	卯木 官鬼
	〃	午火	父母	
	〃	辰土	兄弟	

此卦與前二卦大同小異：前二課子孫持世遇旬空，未曾發動；此卦動而變官，况亦係三兩日之事，子孫尚未出空，竟許必得。果得起用。起程六日，家內死子；到任八個月，終於任。身死子死，乃應世與子孫同變鬼也。

野鶴曰：後二卦予得驗者，乃因前卦不靈，刻刻留心之故耳。今人占過即忘，何得精奥？

隨官入墓，世旺者官陞；助鬼傷身，身衰者禍至。

古以『隨官入墓、助鬼傷身，皆以爲凶』。予屢試之，世旺者竟陞，世衰者不吉。助鬼傷身，元神同動者，其官必陞；世若休囚者，必有禍至。

---

⑫⑤『起用』，舊指重新任用已退職或黜免的官員。泛指提拔任用。——鼎升註

如寅月乙未日，占陞。得比之觀——

應	ㄨ	子水	妻財	卯木　官鬼
	丶	戌土	兄弟	
	〃	申金	子孫	
世	〃	卯木	官鬼	
	〃	巳火	父母	
	〃	未土	兄弟	

斷曰：卯木旺官持世，子水財動相生，雖則墓於未日，幸世爻得助，無妨。果得陞於亥月。

又如戌月辛酉日，占何月補官？得蹇之需卦——

	〃	子水	子孫	
	丶	戌土	父母	
世	〃	申金	兄弟	
	丶	申金	兄弟	
	ㄨ	午火	官鬼	寅木　妻財
應	ㄨ	辰土	父母	子水　子孫

寅木財爻生助午火之鬼，火鬼剋世，乃爲助鬼傷身，幸辰土生申金，午火貪生忘剋，今年冬月必陞。果得陞於冬月。應冬月者，辰土化子水空亡，十一月則不空矣。

古以『晉、升爲吉』，[126]又云『屯、蹇爲凶』。[127]

晉卦、升卦，果得屢驗，亦要世爻得地，若失陷亦不爲吉。

屯卦、蹇卦，世爻旺者何妨？前篇亥月丙寅日之占驗，世爻旺相，竟得超陞[128]，豈非屯卦耶？

（鼎升曰：前篇並無『亥月丙寅日』的『屯卦』。）

陞選何方章第五十六

『官金而應西土，木官必應於東，水北火南，土陞中土』，此古法也。

予之得驗，木官而應山東，亦有應廣東者；金官雖應山陜，亦有應江西廣西者；又有以住處而分東西南北者。[129]

---

[126] 李紱抄本前有『野鶴曰』三字。——鼎升註

[127] 『晉、升爲吉』，『屯、蹇爲凶』，《卜筮全書・闡奧歌章・儒業科舉章》原文作：『朝君不可逢屯、蹇，面聖偏宜見晉、升。』——鼎升註

[128] 『超陞』，越級陞遷。——鼎升註

[129] 李紱抄本前有『野鶴曰』三字。——鼎升註

如未月己巳日，住在京都[130]占地方[131]。得歸妹變解——

應	、、	戌土	父母	
	、、	申金	兄弟	
	、	午火	官鬼	
世	、、	丑土	父母	
	、	卯木	妻财	
	○	巳火	官鬼	寅木 妻财

彼時有山東、真定[132]兩缺，此卦巳火官星，許之真定。彼曰：何也？予曰：巳火官星，乃南方也，必得真定，真定乃都門[133]之南也。果得真定。

又有以初爻爲內地，以五爻六爻爲邊缺[134]。

應初爻者，世與官星皆在初爻者是也。[135]

---

[130]「京都」，京城。——鼎升註

[131]「地方」，即地方官。——鼎升註

[132]「真定」，今河北省正定縣。——鼎升註

[133]「都門」，京城城門。——鼎升註

[134]「邊缺」，舊時指邊地職官中因原任人員死亡或去職而空出來的職位。——鼎升註

[135] 李紱抄本前有「野鶴曰」三字。——鼎升註

應五六爻者，或世在五爻，官在六爻；或世在六爻，官在五爻；或官星持世，同在五六爻上是也。

若在二三四爻，仍以五行決之。

如丑月癸亥日，占陞何方？得山風蠱——

應　　　世

丶　〃　〃　丶　丶　〃

寅木　子水　戌土　酉金　亥水　丑土

兄弟　父母　妻財　官鬼　父母　妻財

此卦酉官持世，許任西方。及至次年見選單[136]，又占官陞何方？

寅月甲戌日，得震卦——

世　　　應

〃　〃　丶　〃　〃　丶

戌土　申金　午火　辰土　寅木　子水

妻財　官鬼　子孫　妻財　兄弟　父母

予猶記得前卦酉官持世，曾許西方，今見此卦又是官屬申金，西方必矣！但見世在六爻，必是邊缺。問之陝西有邊缺否？曰：有慶陽[137]。予曰：即此缺也。果陞慶陽。

---

[136]『選單』，推薦官吏的公文。——鼎升註

[137]『慶陽』，今甘肅省慶陽市。——鼎升註

野鶴曰：大概問其地方，雖則有驗，然又不如指其缺而問之。

此缺我得否？我得詞林[138]否？我得部屬[139]否？我得科道[140]否？我得正印[141]否？

官星持世者，必得；官動生合世爻者，必得；三合官局而生世者，必得。

世空世破，官破官空，俱不得；子孫持世，子孫發動，不得；官臨應爻，不得；三合官局而生應爻，不得。

---

[138]『詞林』，翰林的通稱。翰林，官名。清代翰林院（官署名。清翰林院掌編修國史及草擬制誥等）屬官侍讀學士、侍講學士、侍讀、侍講、修撰、編修、檢討、庶吉士的通稱。——鼎升註

[139]『部署』，舊指中央六部各司署的屬官。——鼎升註

[140]『科道』，明清六科給事中（明制分設吏、戶、禮、兵、刑、工六科給事中掌侍從規諫，稽察六部之弊誤，有駁正制敕違失之權。清代隸屬都察院，與御史同爲諫官，故又稱給諫。省稱給事）與都察院（明清時的監察機構。明洪武十五年【公元1382年】明太祖廢漢以來的御史臺，設都察院。專司巡按州縣，考察官吏，整飭風紀）各道監察御史的統稱。——鼎升註

[141]『正印』，即『正印官』。明清時從布政使到知州、知縣等各級地方正規長官。因用的印是方形的，故稱。——鼎升註

在任吉凶章第五十七

官旺財興，仕途[142]顯赫[143]；子搖兄動，減俸[144]休官[145]。

官旺遇生扶，或動而化吉；世旺財旺，或財動以生世：皆主兵民頌德，宦海[146]無波。

官臨日月生合世爻，三合官局生合世爻，或官星持世，日月生扶，歲五又相生合：近君者，必蒙異寵；大位[147]者，不次超陞[148]；外任[149]者，必叨[150]卓異[151]。

兄弟持世，兄爻發動，若非破耗財物，定然減俸除糧。

子孫持世，及子動爻中，有剝官削職[152]之憂；倘得官星休囚而有扶，子孫動而有制，降級而已。

---

[142]『仕途』，陞官的路徑。——鼎升註

[143]『顯赫』，形容名聲、權勢盛大。——鼎升註

[144]『俸』，官員等所得的薪金。——鼎升註

[145]『休官』，辭去官職。——鼎升註

[146]『宦海』，比喻官吏爭奪功名富貴的場所。——鼎升註

[147]『大位』，帝位；顯貴的官位。——鼎升註

[148]『不次超陞』，超出常規的提陞官級。——鼎升註

[149]『外任』，謂任地方官。——鼎升註

[150]『叨』，音tāo【掏】。謙詞。忝辱，受之有愧。——鼎升註

[151]『卓異』，清制，吏部定期考核官吏，文官三年，武官五年，政績突出，才能優異者稱爲卓異。——鼎升註

[152]『削職』，免職。——鼎升註

官旺兄興，清風兩袖[153]；父發鬼旺，恩露三錫[154]。

兄動，雖爲減俸耗財之神，亦不可執之；若得官星旺相，乃是爲官清正，非義不取，非無財也。

官星旺相，財臨空破者，亦同此斷。

旺父臨世，官動臨歲五，或日月生扶；外任者，必蒙上臺[155]推薦；近君及大位者，三錫榮加。

兄鬼安寧，地方少事。

兄鬼亂動於卦中，旱澇兵蝗，地方不寧之兆。

日月沖尅，誹謗多招。

日月尅官，或尅世爻，及朱雀螣蛇尅世；世爻休囚者，得禍不輕；世爻旺相有救者，多招萋菲[156]。須宜檢點政事，勤慎以免愆尤[157]。

官鬼尅世，世旺官衰者，亦主誹謗；世衰鬼旺，若臨蛇雀，必見彈章[158]。

---

[153]『清風兩袖』，衣袖中除清風外，別無所有。比喻做官廉潔。也比喻窮得一無所有。——鼎升註

[154]『三錫』，古代帝王尊禮大臣所給的三種器物。——鼎升註

[155]『上臺』，泛指三公（明清以太師、太傅、太保爲三公，作爲大臣的最高榮譽頭銜）、宰輔（輔政的大臣。一般指宰相）；上司，上官；宮廷，朝廷。——鼎升註

[156]『萋菲』，讒言。——鼎升註

[157]『愆尤』，過失。『愆』，音qiān【牽】。——鼎升註

[158]『彈章』，彈劾官吏的奏章。——鼎升註

化進神，沖變合，加官贈爵。

世爻旺相，官化進神；官星旺相，世化進神；及世官得地，財化進神：皆有進爵⑮之徵。

爻反吟，入三墓，反復昏庸。

卦得反吟，雖是身動不寧，若得世與官爻旺相，一定陞遷；世爻若與官星衰者，必遭降罰，降後還陞；惟怕世與官星被沖被剋者，定有不測之禍。

世爻休囚被剋，化墓入墓者，事多反復，立見災非。

世爻有氣，化墓入墓者，亦主朦朧昏瞶⑯。

世破鬼空，居官不久；身衰化鬼，命盡當危。

世破世空，官破官空，在任無多日矣。

世衰動而化鬼，及化回頭剋者，須防壽命無堅。

世化官而遇官，政權多攝⑯。

世爻旺相，化出官星生合比助世爻者，得權攝⑯之濟；世爻旺相，化出官星刑世剋世者，反受權攝之害也；化出官星洩世爻之氣者，因權攝以賠累也。

官星持世而旺，爻中又動出官星拱扶比合者，亦主政權多攝。

---

⑮『進爵』，進陞爵位。——鼎升註

⑯『昏瞶』，眼花耳聾。比喻頭腦糊塗，不明是非。——鼎升註

⑯『攝』，代理。——鼎升註

⑯『權攝』，暫時代理。——鼎升註

世臨官而遇馬，差遣煩勞。

官星持世，明動暗動，加臨驛馬者，必有差遣；日月動爻作財而生扶者，差中得利；卦中兄爻發動，日月動爻刑尅世爻者，辛苦賠財；心有望於差遣者，不待驛馬加臨，但遇世動，即有差矣。

官合龍興恩命⑯³至。

青龍官星持世，或世臨日月，或日月動爻生合世爻，或世臨歲五之爻，或歲五生合世爻，或世官三合，皆爲吉兆：大位者，上恩特用；平位者，加級超陞。

財臨虎動訃音⑯⁴來。

財爻持世，及卦中財動，或父母爻休囚空破，若有尊長，切不可以財斷之，須防孝服。

---

(163)『恩命』，帝王頒發的陞官、赦罪之類的詔命。——鼎升註

(164)『訃音』，報喪的信息、文告。——鼎升註

如寅月壬午日，占在任平安否？得頤之噬嗑——

	丶	寅木	兄弟	
	〃	子水	父母	
世	乂	戌土	妻財	酉金官鬼
	〃	辰土	妻財	
	〃	寅木	兄弟	
應	丶	子水	父母	

有人出此卦而問予曰：今歲占在任之流年，世爻變鬼，我甚憂之。予曰：世爻戌土雖則休囚，得午火生之，自身不妨，須防孝服。彼曰：財非臨虎，如何主孝？予曰：迂也。午日沖動子水父母，被戌土財爻之尅，世化官空，八九月必見。果於八月丁艱[165]。

---

[165]『丁艱』，舊時稱遭父母之喪爲丁艱，也叫丁憂。父母死後，子女要在家守喪三年，不做官，不婚娶，不赴宴，不應考。——鼎升註

又如辰月己丑日，占在任吉凶。

		世			應
丶	○	〃	〃	丶	丶
卯木	巳火	未土	丑土	卯木	巳火
官鬼	父母	兄弟	兄弟	官鬼	父母
	子水				
	妻財				

官鬼尅世，幸而不動，在任還保無凶。但不宜兄爻持世，丑日沖動，今冬身必動搖，身動耗費不小。彼曰：因何事而動？予曰：堂前雙慶[166]否？彼曰：家父在堂[167]。予曰：須防冬令火被水傷，必因孝服而動。不意六月公署[168]回祿[169]，冬月訃音隨至。回祿者，兄爻持世，暗動破財；傷父者，巳火父化子水尅也。

---

[166]『雙慶』，謂父母俱在。——鼎升註

[167]『在堂』，父母親尚在；母親健在。——鼎升註

[168]『公署』，辦理地方行政事務的機關。『署』，原本作『暑』，顯誤，據敦化堂本與李紱抄本改。——鼎升註

[169]『回祿』，傳說中的火神名。後因稱火災爲回祿。——鼎升註

援例⑰章第五十八（凡用財圖名者同此）

財旺官空，且自堆金於白屋。

財旺世旺，而官臨月破旬空，或被日月沖尅，及動而變凶，官如朽木枯枝，雖有旺相之財，生之不起，終屬白屋之富翁，難食王家之天祿⑰。

妻搖鬼旺，定然執玉⑰拜丹墀⑰。

世與官星財星，三者不可一陷。若財官兩旺，而世爻失陷者，縱使得官，無福安享；若官世兩旺，財星失陷者，乃有例而無財也。

---

⑰『援例』，援引捐納的成例向政府交納一定的費用而取得作官的資格。——鼎升註

⑰『天祿』，俸祿。——鼎升註

⑰『執玉』，執玉圭。古以不同形制之玉圭區別爵位，因以指稱仕宦。——鼎升註

⑰『丹墀』，古代宮殿前漆成紅色的石階。『墀』，音chí【遲】。——鼎升註

如丑月乙卯日，占援例。得豫之否——

世應	爻	本卦	六親	變卦	六親
	✕	戌土	妻財	戌土	妻財
	✕	申金	官鬼	申金	官鬼
應	丶	午火	子孫		
	〃	卯木	兄弟		
	〃	巳火	子孫		
世	〃	未土	妻財		

斷曰：財動生官，不宜世臨月破，破而被剋，有官不能享也。後竟納之，名成身喪。

又如戌月癸丑日，占納銀復職⑰。得困之兌——

世應	爻	本卦	六親	變卦	六親
	〃	未土	父母		
	丶	酉金	兄弟		
應	丶	亥水	子孫		
	〃	午火	官鬼		
	丶	辰土	父母		
世	✕	寅木	妻財	巳火	官鬼

⑰『納銀復職』，捐資以恢復官職、官銜。——鼎升註

此公先因罣誤⑮革職⑯，後因外省新例，較部納損⑰銀一半，予知此信，告於此公，即請卜之，而得此卦。予曰：世爻休囚，動而變鬼，不可行之。不聽，竟欲舉行。予囑其家人告禀⑱夫人，爾主明年秋令甚低，縱使名成，不能出仕⑲。果得夫人力阻。次年正月得噎食之疾⑳，七月而終。

財靜子飛空用意。

子孫持世，財爻動與不動，皆不可行；財臨空破，亦不可行。

子孫、財星、官星同動者，又可行之。其故何也？子動生財，財動以生官也。

兄興財動枉勞心。

兄弟爻持世，或兄爻發動，乃是破耗之神，白費其財，終不成名；若得官星同動者，又可行之。何也？以官鬼而制兄也。

野鶴曰：卦中官星不動，但遇兄弟持世，兄爻發動，及財爻持世化兄弟，百無一成；即使成後，必有他故，終無食祿之方。

---

⑮『罣誤』，官吏因過失而受譴責。『罣』，音guà【掛】。——鼎升註

⑯『革職』，撤職。——鼎升註

⑰『損』，敦化堂本作『捐』。——鼎升註

⑱『告禀』，向上級或長輩報告情況。——鼎升註

⑲『出仕』，做官。——鼎升註

⑳『噎食之疾』，中醫指食不下咽的病。——鼎升註

武試章第五十九（亦可以文試參看）

文試者，官文兩重；武試者，首重官爻。

世破官空休指望，官興財旺亦堪圖。

世與官星，有一而逢空破者，不須指望。

武場雖不以父爲重，予常[181]得驗官、文兩旺者，竟得掄元[182]。

然又有財動生官，竟得中者。何也？然其中必有隱事。

空赴武闈，皆爲子孫持世。

子孫持世，子孫發動，即使力能扛鼎[183]，百步穿楊[184]，皆無益於事矣。

試期病阻，乃因官鬼傷身。

官鬼剋[185]世，日月動爻剋世，世動化鬼化剋，若非臨場病阻，即有災禍臨身。

---

[181]『常』，敦化堂本作『嘗』，李紱抄本作『每』。——鼎升註

[182]『掄元』，科舉考試中選第一名。——鼎升註

[183]『力能扛鼎』，能將大鼎舉起。比喻力大氣壯。——鼎升註

[184]『百步穿楊』，在一百步遠以外射中楊柳的葉子。形容箭法或槍法十分高明。——鼎升註

[185]『剋』，敦化堂本作『持』。——鼎升註

投魔效用入武從軍章第六十

官宜旺相，不宜空破休囚；財世兩爻，怕見刑沖尅壞⑱⁶。

世與官星，皆宜旺而化吉；財爲祿養，豈宜日月刑沖？

世爻失陷，及動而變凶，身之難保。

官星失陷，及動而變凶，難許成名。

財爻失陷，及動而變凶，乏糧無祿，即使官旺，厨竈無烟。

惟喜官星持世，財動相生；財爻持世，官動相合；或官世臨乎日月，及歲月日建相生；或世動化吉：將來之封拜⑱⁷可期，豈惟百夫之長⑱⁸而已耶？

覺子曰：雖以此斷無不驗者，但要識來人之意。彼若以名利而問，以此而决者，是也。如若尚未見用，占問可能收用否，又以官星爲收用之官：官來生合世爻者，必收；官爻尅世，及空破者，不錄。如不知其此竅，竟以此官星斷自己之功名者，如天遠也。

---

⑱⁶『壞』，敦化堂本作『破』。——鼎升註

⑱⁷『封拜』，封爵拜相；賜爵授官。——鼎升註

⑱⁸『百夫之長』，舊時統率百人的小頭目。——鼎升註

署印[189]謀差[190]章第六十一

財與官星，不可有一而不旺；子孫兄弟，不可有一而動搖。世陷財空，不如守己[191]；官空世破，且讓他人。用財而圖者，與援例同推。

衰世隨鬼入墓，世動化尅化鬼，子孫兄弟持世，謀署謀差，自投羅網[192]。

增刪卜易卷七終

[189]『署印』，代理官職。舊時官印最重要，同於官位，故名。——鼎升註

[190]『謀差』，謀取差事；謀求職業。——鼎升註

[191]『守己』，謂安守本分。——鼎升註

[192]『自投羅網』，自己投到羅網裏去。比喻自己送死。『羅網』，捕捉鳥獸的器具。也比喻法網。——鼎升註

野鶴老人著
楚江李坦我平鑒定
湖南李文輝覺子增删
山西李凡丁鼎升校註
婿陳文吉茂生
男茹芝山秀
仝訂

占面聖上書叩閽獻策條陳劾奏章第六十二①（凡占文書亦須採用）

旺文持世，宜日月歲五以維持。

父母爲文書章奏②，持世合世，奏必見准，再得歲五及日月動爻生合者，見用無疑。

兄弟臨身，喜父母化吉而拱合。

①『面聖』，朝見皇帝。『上書』，用文字向君主或上官陳述意見或反映情况。『叩閽』，官吏、百姓到朝廷訴冤。亦稱『叫閽』。『閽』，音hūn【婚】。『獻策』，貢獻計謀或辦法。『條陳』，向上級分條陳述意見的文件。『劾奏』，向皇帝檢舉彈劾别人的罪狀。『文書』，公文，案卷。——鼎升註

②『章奏』，漢代制度，群臣上書有章、奏、表、駁議之别，後來通向皇帝上陳的文書爲章奏。——鼎升註

兄弟持世，日月生之；或世爻、父母爻動而化吉；或世化父母生世。

以上皆得喜動龍顏③，因文見用。

財爻持世破文書。

財爻持世，財爻發動，尅破文書，無益之奏。

倘得父母持世，財、官同動者而又喜之。其故何也？以財動而生官，官動而生世也。

子福臨身防降罰。

子孫爲尅官之神，有職之官章奏者不宜見之，或持世或發動，輕則降罰，重則休官④。無職之人而章奏者，有兩論之，須察來人之念：彼行此事原爲求名者，見之必不成名；彼行此事恐其有禍者，見之無禍。

世臨空破，難以回天⑤。

世值旬空月破及臨絕化絕，及入三墓者，不蒙見准，宜早知機⑥。

世動變凶，或歲五日月動爻沖尅世爻者，不惟難以回天，且防不測之禍。

---

③『龍顏』，皇帝的顏貌。——鼎升註

④『休官』，辭去官職。——鼎升註

⑤『回天』，古代以皇帝爲天，凡能諫止皇帝某種行動者稱回天。——鼎升註

⑥『知機』，謂有預見，看出事物發生變化的隱微徵兆。——鼎升註

子動臨身，力能折檻⑦。

或曰：前說子動尅官，不宜見之，此喜子孫持世者，何也？

野鶴曰：須看事之大小。有職之官行此事者，豫料此事即不准行，無過於革職⑧而已，子孫者，即爲尅官之神也；欲保全功名，子孫發動，切勿行之；倘若條陳將相，諫諍⑨君非，若得准行，名垂青史⑩，如不見准，禍及其身，所以反喜子孫持世，即使殿折庭諍，可保無禍。古以『子發乾宮爲吉⑪』，非也，子孫爲制鬼之福⑫神，未聞獨在乾宮而爲福神也。

---

⑦『折檻』，典出《漢書・朱雲傳》，後用爲朝臣敢於直諫的典故。漢成帝時，槐里令朱雲請斬安昌侯張禹。帝怒，欲誅雲，雲攀殿檻，檻折。左將軍辛慶忌諫，帝意解。後命保存原檻，只作修補，以表彰朱雲直諫。——鼎升註

⑧『革職』，撤職。——鼎升註

⑨『諫諍』，直言規勸，使改正錯誤。——鼎升註

⑩『名垂青史』，把姓名事迹記載在歷史書籍上。形容功業巨大，永垂不朽。——鼎升註

⑪《易冒・身命章》原文作：『如子發乾宮，殿折庭諍，亦無禍也，不可以子動傷官爲言。若專問仕途，仍復爲忌。』——鼎升註

⑫『福』，原本與敦化堂本俱作『伏』，顯誤，據李絨抄本與文意改。——鼎升註

如巳年巳月丁卯日，占劾奏。得旅卦——

		應			世
丶	〃	丶	丶	〃	〃
巳火	未土	酉金	申金	午火	辰土
兄弟	子孫	妻財	妻財	兄弟	子孫

野鶴曰：有人執此卦而問予曰：我欲劾奏權奸，恐其彼之根固，反遭其害，爾看此卦何如？予曰：彼雖蒂固根深，今已壞矣。問曰：何以知之？曰：應爻酉金，長生於巳年巳月，豈非盤根⑬耶？今被歲、月尅之，卯日沖之，有傷無救，所以知其彼之權勢自此衰矣。又問曰：我有害否？予曰：子孫持世，何害之有？果蒙准行，奸勢敗矣。

最忌官爻尅世，猶嫌助鬼傷身。

官鬼尅世，已兆凶徵，再加財動而助鬼者，其禍難免。世爻變鬼、動化回頭之尅、隨鬼入墓、卦得反吟、卦變絕、世被沖尅者，事非⑭重大，急宜止之。

歲五生身防受制，六爻恍惚且休行。

太歲生世，必要入爻，不在爻中，不能生世。且如今歲子年，須看卦中有子爻者是也。雖以五爻生世爲吉，亦防受尅及空衰破絕，有生之名，無生之實。

---

⑬『盤根』，盤曲的木根。比喻相互勾結，根深蒂固。——鼎升註

⑭『事非』，糾紛；口舌。——鼎升註

如申月戌辰日，占上書。得中孚之損——

		世			應
丶	○	〃	〃	丶	丶
卯木	巳火	未土	丑土	卯木	巳火
官鬼	父母	兄弟	兄弟	官鬼	父母
	子水				
	妻財				

斷曰：五位巳火生世，不宜巳火受剋，此書宜止。問曰：有害否？予曰：巳火雖則不能生世，卦中無剋世之爻，利害皆無。後上之，果不准行。

野鶴曰：凡上書劾奏，果有興利除害，益於國者，捨身爲國，雖蹈湯赴火⑮而不辭，何用占卜？倘若事無關係，或因忿而抱不平⑯，或以直而報怨⑰，事在兩可⑱之間者，必得世與父爻皆無刑沖剋破，及歲五日月相生，方可行之；倘爻中亂動，而用神元神非旺非衰，或生少剋多，六爻恍惚者，即宜止之。言出禍隨，得不慎乎？

---

⑮『蹈湯赴火』，沸水敢踏，烈火敢趟。比喻不避艱險，奮勇向前。——鼎升註

⑯『抱不平』，遇見不公平的事，挺身而出，幫助弱小的一方。——鼎升註

⑰『以直而報怨』，以公道對待自己怨恨的人。——鼎升註

⑱『兩可』，可能這樣，也可能那樣；兩者都可能。——鼎升註

父旺官生，叨⑲蒙贈爵⑳；旺官持世，平步登雲㉑。

旺父持世，官動生之；旺官持世，日月生之：官則官上加官，士則身登臺閣㉒，平人得者，立見平步登雲。

野鶴曰：斷卦者，最重來人之念。此行有爲人者，有爲己者；有爲自身父母而雪怨㉓者；有爲保全人己之功名；有爲財利而行者；有爲免自己之賠累㉔者，有爲辨下屬之賠累者。事之多端，在人通變。士民㉕上書，雖則亦有忠心爲國，亦有借此以作階梯而求名也，倘得官旺而文不旺，亦可許之贈職封官。其故何也？彼㉖之初念原爲得官，文乃敲門之瓦㉗耳，所以重官而不重父。

---

⑲『叨』，音tāo【掏】。謙詞。忝辱，受之有愧。——鼎升註

⑳『贈爵』，授予爵位。——鼎升註

㉑『平步登雲』，比喻地位突然陞得很高。也指科舉考中。——鼎升註

㉒『臺閣』，自東漢至清代中央執行政務的總機構。東漢起設置，稱尚書臺，後世有稱尚書省、中臺、文昌臺、中書省等。——鼎升註

㉓『雪怨』，報仇。——鼎升註

㉔『賠累』，賠錢虧累。——鼎升註

㉕『士民』，士子和庶民。即官員和百姓。——鼎升註

㉖『彼』，原本作『被』，顯誤，據敦化堂本與李紱抄本改。——鼎升註

㉗『敲門之瓦』，亦作『敲門磚』。用磚敲門，入門就把磚拋棄。舊時科舉，取功名者，名成棄其所學。所學爲進門的工具，稱『敲門磚』。——鼎升註

我念爲名，忌子孫之發動；我念爲利，忌弟兄以臨身。

如五㉘月丙辰日，占具文㉙伸枉㉚，保全功名。得大壯之夬——

	〻	戌土	兄弟	
	ㄨ	申金	子孫	酉金 子孫
世	丶	午火	父母	
	丶	辰土	兄弟	
	丶	寅木	官鬼	
應	丶	子水	妻財	

父母持世，月建文書極旺，但不宜子動傷官，七八月申金得令之秋，功名壞矣。果蒙上臺㉛題保，未蒙准行，八月削職㉜。此乃爲名，文旺亦屬無益。

㉘『五』，原本與敦化堂本俱如此，李紱抄本作『午』。——鼎升註

㉙『具文』，準備文書、文件。——鼎升註

㉚『伸枉』，訴說冤情以求昭雪。——鼎升註

㉛『上臺』，泛指三公（明清以太師、太傅、太保爲三公，作爲大臣的最高榮譽頭銜）、宰輔（輔政的大臣。一般指宰相）；上司，上官；宮廷，朝廷。——鼎升註

㉜『削職』，免職。——鼎升註

又如卯月辛丑日，占具文辨懇開銷㉝。得訟之履——

		世			應
丶	丶	丶	〃	丶	ㄨ
戌土	申金	午火	午火	辰土	寅木
子孫	妻財	兄弟	兄弟	子孫	父母
					巳火
					兄弟

斷曰：旺文雖則生世，不宜兄弟持世，上司之章奏必行，我財終須要破。後果已蒙題辨，不准開銷。

㉝『開銷』，支付（費用）。——鼎升註

占防參劾慮大計及已有事尚未結案者章第又六十二㉞

占防參劾、慮大計及已有事尚未結案者：

世旺官崇，憂心冰解㉟；旺官持世，喜照雙眉。

世與官星旺相，何慮何憂？再得日月動爻生扶，或得世爻官爻臨乎日月，及動而變吉，防參劾者何慮？已參而未結案者無憂，慮大計者不獨無憂，定蒙卓異㊱。凡得旺官持世，亦同此推。

㉞ 此章在原本與敦化堂本中俱作爲前章的一部分出現，但在全書總目中却俱有『《防參劾慮大計章》』單獨列出。現單獨分章，章目據原文與前後文意擬。『參劾』，彈劾：向上揭發官吏的劣迹或罪狀。『大計』，明清考核外官的制度。由吏部考功司主持，三年舉行一次。自州、縣至府、道、司逐級考核屬員，再經總督、巡撫考核後送吏部。凡才、守均優者經皇帝接見後可加一級回任候陞；劣者加以處分；成績一般者叫平等，不受舉劾。——鼎升註

㉟『冰解』，冰融化爲水。比喻消失、消除。——鼎升註

㊱『卓異』，清制，吏部定期考核官吏，文官三年，武官五年，政績突出，才能優異者稱爲卓異。——鼎升註

如未月戊申日，占因遲誤軍糧，已被參劾。得豐之旅——

	世			應	
ㄨ	〃	丶	丶	〃	○
戌土	申金	午火	亥水	丑土	卯木
官鬼	父母	妻財	兄弟	官鬼	子孫
巳火					辰土
妻財					官鬼

斷曰：世臨日建，月建生之，動出戌官又來相生，官爵無恙。諸人不以爲然。豈知因獲奇功，保本㊲隨至，功名仍復保全。或曰：卯木子孫發動，如何不尅官？予曰：木絕於申，所以有救。

福世孫搖身化福，官空鬼破變爻傷。

子孫持世、子孫動於卦中、世動化子孫、官破官空，及動化回頭之尅，皆主罷職休官。

㊲『保本』，臣子呈給帝王的，對某人或某事進行擔保、保護的奏章。——鼎升註

如寅月丁巳日，占慮大計。得旅之明彝——

		應			世
○	〃	○	丶	〃	✕
巳火	未土	酉金	申金	午火	辰土
兄弟	子孫	妻財	妻財	兄弟	子孫
酉金		丑土			卯木
妻財		子孫			父母

斷曰：子孫持世，雖化回頭之尅，世亦受尅；外卦巳酉丑，雖則金局以生伏神之官，亦無用矣。果削職。㊳

子動財空，減祿罰俸。

兄弟持世，兄弟發動，或財破財空及財動化凶，倘得官爻旺相，罰俸而已；官失陷，利名雙失。

身衰鬼尅，貶責凌辱。

世衰不遇生扶，又有歲五日月動爻刑沖尅世，或官動尅世、或世隨鬼墓、世動化鬼化尅、及虎蛇刑尅世爻者，輕則貶罰㊴，重則刑獄㊵。或曰：何以謂之輕重？予曰：輕者，乃世爻之有救也；重者，乃世爻休囚，又被刑傷沖尅也。

㊳ 李紱抄本前有『此公素行不檢，頗藉勢要，生平不信易數，偶占之』一句。——鼎升註

㊴『貶罰』，貶抑指斥。——鼎升註

㊵『刑獄』，猶刑罰。——鼎升註

卦靜世空官又陷，林下閑人㊶。

世空者，退休之兆，官又空破休囚者，削職無疑。

世陷逢生，殺興何礙？

古有『身空殺動，避禍之徵㊷』，予以爲非。殊不知忌神動於卦中，世爻空者，待世爻出空之月日必遭其害，豈能避之？

惟世空逢元神動而相生，卦中雖有忌神發動，亦無礙矣：待世爻出空之日，忌神反生元神而生世也。

官隆世陷，身辱官存。

古有『身邊伏鬼若非空，官職猶在㊸』，謂『凡遇凶兆，若得官爻持世，或官伏世下而旺，雖見責罰，而官職猶存㊹』。

野鶴曰：世遇五爻之剋，若得旺官生合世爻，及旺官持世，雖則逢辱，仍復爲官。

㊶『林下閑人』，『林下』，樹林之下。本指幽靜之地，引申爲退隱之所。『閑人』，清閑少事之人。常以林下神仙喻隱士。——鼎升註

㊷語出《卜筮全書・黄金策・仕宦》。——鼎升註

㊸《卜筮全書・黄金策・仕宦》原文作：『身邊伏鬼若非空，頭上烏紗終不脫。』——鼎升註

㊹《卜筮全書・黄金策・仕宦》原文作：『凡遇凶兆，或得鬼爻臨身持世，或本宮鬼伏世下，雖見責罰，官職猶在。』——鼎升註

又如丑月戊辰日，占防參劾。得井之中孚——

	ㄨ	子水	父母	卯木	兄弟
世	丶	戌土	妻財		
	〃	申金	官鬼		
	○	酉金	官鬼	丑土	妻財
應	丶	亥水	父母		
	ㄨ	丑土	妻財	巳火	子孫

此公因新換督撫㊺，有防參劾。予曰：此卦甚奇。世空以逢日沖，不爲空矣；世不受尅而暗動，雖無參論，離任不免。彼曰：既無參論，如何離任？予曰：世爻暗動，必主動搖；內卦巳酉丑合成官局以生應爻，故知此位已屬他人矣。後因裁他處之缺，上臺題留他處之官頂此公之位，換此公回京另補㊻。此亦少經見之事，知幾者，神也！

身實官陷，位去身安。

世爻旺相不受傷尅，官破官空，及被刑沖尅害，或動而變凶者，官祿雖失，身不逢傷。

㊺『督撫』，總督和巡撫。明清兩代最高的地方行政長官。總督一般爲正二品官員，亦有從一品或正一品官員，轄一省至三省，一般轄兩省。另有河道總督、漕運總督等。巡撫一般爲從二品官員，亦有正二品官員，每省一人，爲一省之長。——鼎升註

㊻『補』，即『候補』。清代制度，凡在吏部候選之官員，由吏部根據其職位、資格、班次進行抽籤，每月舉行一次。抽中者分至某部或某省等候任用。——鼎升註

養親告病辭官章第六十三

子世子興，必能遂願；官尅官世，總不如心。

子孫持世，子孫發動，乃無官之累，必能遂我偷閑；若官星持世，及官動尅世合世，難脫利名韁鎖㊼。

給假㊽不忌反吟，休致㊾須宜化退。

告病及養親，乃暫歸之事，得反吟卦者，乃應將來再任，故不忌之；惟辭官者不宜見之，非目下屢辭反復，乃將來還入留臺㊿。若得伏吟，必不能行。

官化退，世爻化退，告假辭官，皆得遂意。

世與官星而化進神者，王事羈(51)身，難於歇手。

㊼『韁鎖』，韁繩和鎖鏈。比喻束縛，拘束。——鼎升註

㊽『給假』，音jǐjià【己架】。准予休假。——鼎升註

㊾『休致』，官吏年老去職。清制，自陳衰老，允許休致的，稱自請休致；老不稱職，諭旨令其休致的，稱勒令休致。——鼎升註

㊿『留臺』，即御史臺（官署名。專司彈劾之職。西漢時稱御史府，東漢初改稱御史臺，又名蘭臺寺。梁及後魏、北齊或謂之南臺，後周則稱司憲。隋及唐皆稱御史臺。惟唐一度改稱憲臺或肅政臺，不久又恢復舊稱。明洪武十五年【公元1382年】改爲都察院，清沿用，御史臺之名遂廢）。此處則泛指仍然擔任官職。另『臺』指清代地方高級官署名，如憲臺、藩臺、道臺。——鼎升註

(51)『羈』，音jī【基】。拘束，牽制。——鼎升註

修陵修河一切營造公務防患章第六十四

福搖子動無憂，鬼尅兄沖有患。

子孫持世，子動卦中，事無憂慮，有始有終。

官鬼尅世而受累，兄尅兄動以賠財。鬼兄持世者同推。

父世官生，因公加爵。

父母持世，官星動而生合世爻者，必因公事加官。

財興官旺，獲利榮名。

旺官持世，財動而相生，不獨因公得利，還許名榮。旺財持世，世動化財生世，皆同此斷。

六沖不久，六合堅牢。

工程皆以父㊾爻爲用神。用神不旺，或受沖尅，又得六沖卦者，必不堅久，化沖者亦然。又看世爻旺否，世若休囚被尅，將來終遭其害。

惟喜父爻旺相，又得六合卦者，永遠堅牢。

野鶴曰：凡占公務，初入工程而防患，宜子孫動搖，子動無憂；倘若已見疏虞㊿而防患者，必有功名之慮，子動以傷官也，豈曰『子動而無憂』耶？

㊾『父』，原本與李紱抄本俱如此，敦化堂本作『父母』。——鼎升註

㊿『疏虞』，疏忽，失誤。——鼎升註

初入工程，兄動以防賠財；已見疏虞，兄動而防罰俸。⑭

僧官道紀醫官雜職陰陽等官章第六十五⑮

僧道醫官，亦喜官文發動。

舊係『豈可文書發動』？謂『僧道醫官占功名，乃以子孫爲用神，不宜父動而尅子也⑯』。

野鶴曰：此非理也。若他人占僧道醫人，乃以子孫爲用神：子孫旺相，道業高强；父母興隆，庸愚懦弱。若僧道醫家自占道藝，亦以子孫爲用神：子孫旺相，鬼服龍降。今以自占功名，子動而尅官也，如何反爲用？非也，仍看官爻：官星持世，或日月動爻以相生；父母持世，或得旺官相生，其名必成。

陰陽雜職，俱以子動爲嫌。

子孫動，子持世，皆許必不成名。餘則以俗家求名同斷。

---

⑭ 李紱抄本前有『覺子曰』三字。——鼎升註

⑮『僧官』，管理寺廟和僧尼事務的職官，由僧人擔任。『道紀』，道紀司的官員。清代道官，在京稱道錄司，在外府稱道紀司。內外僧道官，專管全國僧道。『醫官』，掌醫之政令的官吏。明清有太醫院，置使副等官。『陰陽』，陰陽司的官員。陰陽司是清代欽天監的下屬機關，專門負責爲皇室和顯貴們婚喪喜慶選擇時日。——鼎升註

⑯《卜筮全書・黃金策・仕宦》原文作：『僧道醫官，及陰陽官，皆要子孫出現，有氣不空爲吉。父母發動，必有災悔。』——鼎升註

如丑月丙辰日，僧官占名。得屯之既濟——

	⚋	子水	兄弟	
應	⚊	戌土	官鬼	
	⚋	申金	父母	
	✕	辰土	官鬼	亥水兄弟
世	⚋	寅木	子孫	
	⚊	子水	兄弟	

此因官事，恐革退[57]僧官而卜之。

斷曰：子孫持世，尅官之神；官臨應爻，此官已屬他人矣。果蒙革退。

---

[57]『革退』，開除，斥退。——鼎升註

功名到何品級章第六十六

古法：『水一、火二、木三、金四、土五。官臨火者，官居二品；官星屬水，一品之尊。』

野鶴曰：水止一數，位至公侯㊽者，何以定之？官設九品，數止於五，六七品者，何以定之？予得其法者，指占之法也：我能公侯否？我能將相㊾否？我能一品㊿否？我能八座(61)否？旺官臨日月，指日可期；官破及刑沖，終身失望。子孫持世，猶如止渴望梅(62)；官動生身，恰似探囊取物(63)。

㊽『公侯』，公爵與侯爵。亦泛指有爵位的貴族和官高位顯的人。——鼎升註

㊾『將相』，將帥和丞相。亦泛指文武大臣。——鼎升註

㊿『一品』，封建社會中官品的最高一級。自三國魏以後，官分九品，最高者爲一品。——鼎升註

(61)『八座』，清代對六部（吏部、戶部、禮部、兵部、刑部、工部）尚書的稱呼。清代尚書爲從一品官員，每部滿、漢各一人。——鼎升註

(62)『止渴望梅』，猶望梅止渴。比喻用空想安慰自己。——鼎升註

(63)『探囊取物』，伸手到口袋裏拿東西。比喻能夠輕而易舉地辦成某件事情。——鼎升註

曾有邑宰64，問將來官至方面65否？巳月乙卯66日，占得雷山小過——67

⚋	戌土	父母	
⚋	申金	兄弟	
⚊	午火	官鬼	世
⚊	申金	兄弟	
⚋	午火	官鬼	
⚋	辰土	父母	應

午火官星持世，後果官至僉事68。

64『邑宰』，縣令的別稱，爲一縣的行政長官，正七品。明清稱知縣。——鼎升註

65『方面』，又稱『方面官』。古指執掌一方軍政職權之官。明清時指地方政府長官，如巡撫（一般爲從二品官員，亦有正二品官員，每省一人，爲一省之長）、都御史等。——鼎升註

66『乙卯』，敦化堂本作『己卯』。——鼎升註

67原本未排出卦象，據文意補。——鼎升註

68『僉事』，官名。每省按察使（官名。各省內掌振揚風紀，澄清吏治，隸於總督、巡撫）下設僉事，以分領省內之事，總管文牘。清初僉事多由巡道（官名。俗稱道臺，正四品。道爲省下一級地方行政機構）兼任，清乾隆時廢。——鼎升註

又子月乙亥日，官至方伯⑲，問將來能於開府⑳否？連占三卦子孫持世，後果降調而歸。又因占會試㉑，許之必中。又問可能鼎甲㉒否？予曰：必須再占一卦。

---

⑲『方伯』，明清時對布政使的尊稱。清代布政使爲總督、巡撫的屬官，主管一省的財賦和人事。清康熙六年（公元1667年）後，每省設布政使一員，爲從二品官。但江蘇設二布政使，一在江寧，一在蘇州。——鼎升註

⑳『開府』，古代高官（如三公、大將軍、將軍等）自選僚屬開設府署，稱爲『開府』。清代特指任總督、巡撫者爲開府。總督一般爲正二品官員，亦有從一品或正一品官員，轄一省至三省，一般轄兩省。另有河道總督、漕運總督等。巡撫一般爲從二品官員，亦有正二品官員，每省一人，爲一省之長。——鼎升註

㉑『會試』，清代科舉考試分鄉試、會試、殿試。鄉試取中者爲舉人，舉人經過磨勘和復試後可參加會試。會試每三年一科，即在鄉試之次年，丑未辰戌年春天在禮部舉行。會試的具體時間，清初定於二月，清雍正五年（公元1727年）將入場之期改爲三月，清乾隆十年（公元1745年）後成爲定例。會試取中者爲貢士，貢士再經復試即參加殿試。——鼎升註

㉒『鼎甲』，科舉考試殿試名列一甲的三人，即狀元、榜眼、探花的總稱。——鼎升註

卯月甲申日，得節之蹇——

元武	白虎	螣蛇	勾陳	朱雀	青龍
		應			世
〃	丶	〃	ㄨ	○	○
子水	戌土	申金	丑土	卯木	巳火
兄弟	官鬼	父母	官鬼	子孫	妻財
			申金	午火	辰土
			父母	妻財	官鬼

斷曰：古以『蹇爲不吉㊆』，予重用神。此卦世臨巳火，卯月生之，申日合之，青龍持世，中鼎甲而無疑，但非今科之鼎甲也。公曰：何也？予曰：世爻變出辰土之官，乃辰年之鼎甲也。公曰：此數暗合我機。我少年得一預兆，亦應辰年。場畢即回。至甲辰科殿試⑭，果得首唱傳臚⑮。所以教人指其事而占者，無不驗也，何必諄諄⑯執古法而猜耶？

（鼎升曰：此處果得首唱傳臚者，當為清康熙三年【公元1664年，甲辰年】甲辰科狀元嚴我斯。據

⑬《卜筮全書・闡奧歌章・儒業科舉章》原文作：『朝君不可逢屯、蹇，面聖偏宜見晉、升。』——鼎升註

⑭『殿試』，清代科舉考試分鄉試、會試、殿試。會試取中者爲貢士，貢士再經復試即參加殿試。殿試由皇帝親自策問，在皇宮內大殿上舉行。殿試成績共分三甲，第一甲賜進士及第，第二甲賜進士出身，第三甲賜同進士出身。——鼎升註

⑮『傳臚』，指殿試後宣讀皇帝詔命唱名。——鼎升註

⑯『諄諄』，反覆教導。『諄』，音zhūn【窀】。——鼎升註

《中國歷代狀元傳略》記載，嚴我斯，生於明崇禎二年【公元1629年，己巳年】，卒年不詳。字就斯，號存庵，浙江歸安人。清順治十一年【公元1654年，甲午年】中舉，清順治十八年【公元1661年，辛丑年】會試中式為進士，清康熙三年【公元1664年，甲辰年】以前科進士補殿試獲一甲第一名。

又，清代會試考中者為貢士，殿試後賜進士及第、進士出身、同進士出身者為進士。但習慣上會試考中後即稱為進士。

至於嚴我斯『少年得一預兆』與『場畢即回』的經歷，清人姚世錫《前徵錄》中有錄：

『嚴存庵先生，康熙甲辰首臚，官至少宗伯。公未遇時，偶至一戚家，正在扶乩。公叩問休咎。乩盤旋良久，大書曰：「案頭圖章，舉以奉贈。」閱視印文，乃「平生之志，不在溫飽」八字。及公大魁，始知乩筆以宋王文正公比擬也。』『公飲量洪，家貧苦乏酒資，同儕知其故，每會飲，必勸盡醉，公亦不辭。一日飲友人齋頭，歸已三鼓，經潮音橋，月明如晝、萬籟無聲，遂獨坐橋欄。恍惚聞橋下有人呼土地曰：「明日寅刻，呂純陽仙師幻作箍桶匠從南而來，當往迎。」又有人答曰：「文曲星被酒露坐，當護衛不敢離也。」公竊心動，即步至南門。天將曙，門啟，急南行至百名橋，果見一箍匠擔負而來。公牽其袂呼仙師，求長生訣。其人始而訝，繼而曰：「子果有志，可入此桶。」揭蓋令視之，波濤洶湧，深不可測。公心悸僵立，其人笑曰：「子富貴中人，安得仙？」倏忽不見。仰視紅日，已亭午矣。』『乙未、戊戌，連困公車。辛丑北上，偶得《爾雅注疏》一部，途中批閱之。三場策問《爾雅》，公條對詳明。又以《禮記》題小有微疵，悵然出國門。全場《爾雅》題策，無一可進呈者，遂徧披落卷，得公文，靡不擊節，咸謂「如此淹博士，何以遺棄」？檢閱前兩場卷，始知為經義微疵。遂取中。公南轅，已踰千里，不及殿試。甲辰乃大魁也。』

又，經查萬年曆，清順治十八年【公元1661年，辛丑年】卯月並無甲申日。此卦存疑。）

子占父功名章第六十七

父旺官動相生，日月作官星而生父母，父旺化官，父官動而化吉，皆許成名。

財剋父，子動傷官，父官動而變凶，日月剋官剋父，或父爻官爻衰墓破絕，皆許無益。

如卯月壬辰日，占父何時起用⑦⑦？得風水渙變夬——

	世			應	
○	、	ㄨ	ㄨ	、	ㄨ
卯木	巳火	未土	午火	辰土	寅木
父母	兄弟	子孫	兄弟	子孫	父母
未土		亥水	辰土		子水
子孫		官鬼	子孫		官鬼

內卦寅木父母旺而化出子水之官，許寅年起用。果應寅年，仍以原品起用。後終於未年。又以此卦悟之：初爻寅木父，寅年而起用；上爻卯木父動而化未墓，墓於未年。占時未墓爻空，謂之『空墓以待死』，所以終於實墓之年；又因『用神重疊，逢墓庫以收藏』。

⑦⑦『起用』，舊指重新任用已退職或黜免的官員。泛指提拔任用。——鼎升註

又如辰月戊申日，占父在京候補⑦⑧。得觀之渙——

丶	卯木	妻財		
丶	巳火	官鬼		
〃	未土	父母	世	
〃	卯木	妻財		
乂	巳火	官鬼		辰土 父母
〃	未土	父母	應	

未土父母持世，巳火官動生之，果得缺，補於四川。巳月即歸，巳火生世之故耳。

李我平曰：問何時，問地方，須宜分占，不可一卦而兼斷。若兼斷者，假使官值申金，必陞於七月，論分野⑦⑨者，申乃西晉之地，豈七月之陞選⑧⓪，必得西方之缺耶？古法之謬者，明矣！又以八宮離南

⑦⑧『候補』，清代制度。凡在吏部候選之官員，由吏部根據其職位、資格、班次進行抽籤，每月舉行一次。抽中者分至某部或某省等候任用。——鼎升註

⑦⑨『分野』，古天文學說，把十二星辰的位置跟地上州國的位置相對應。就天文說，稱分星；就地上說，稱分野。古人常以天象的變異來比附州國的吉凶。——鼎升註

⑧⓪『選』，敦化堂本作『遷』。——鼎升註

坎北，又以二十八宿[81]以定分野，又云『食祿於此土，以祿定方』，又曰『遊魂遠而歸魂近』。《易冒》以『五行六神八宮爲經，諸星爲緯以參之[82]』，此可說而不可行也。五行八宮及二十八宿，尚亦近理，若以六神而兼星煞者，乃妄談也！假使丁日占得雷風恒卦，酉金官星持世，必司兵權；神得螣蛇，蛇乃馳驟[83]差遣之官；丁以酉爲文昌[84]，文昌爲翰林[85]。執彼之法而斷者，酉官爲經，螣蛇、文昌爲緯，定是掌兵權於翰苑[86]，聽差遣馳驟[87]之詞林[88]也！

增刪卜易卷八終

---

[81]『二十八宿』，古代天文學家把黃道（太陽和月亮所經天區）的恒星分成二十八個星座，稱爲二十八宿，四方各有七宿。東方：角、亢、氐、房、心、尾、箕；北方：斗、牛、女、虛、危、室、壁；西方：奎、婁、胃、昴、畢、觜、參；南方：井、鬼、柳、星、張、翼、軫。——鼎升註

[82]《易冒・功名章》原文作：『大抵五行六爻八宮爲經，六神諸星爲緯以參之。』——鼎升註

[83]『馳驟』，縱馬奔馳。——鼎升註

[84]『文昌』，神煞名。以日干爲主。凡甲日見巳，乙日見午，丙戊日見申，丁己日見酉，庚日見亥，辛日見戌，壬日見寅，癸日見卯，皆是。主聰明才智，逢凶化吉。——鼎升註

[85]『翰林』，官名。清代翰林院（官署名。清翰林院掌編修國史及草擬制誥等）屬官侍讀學士、侍講學士、侍讀、侍講、修撰、編修、檢討、庶吉士的通稱。——鼎升註

[86]『翰苑』，文翰薈萃之地。猶言翰林。——鼎升註

[87]『驟』，原本作『驛』，當誤，據敦化堂本改。又據《易冒・功名章》：『螣蛇則其政傳宣，往來馳驟，浮沉體察，差遣之利也。』——鼎升註

[88]『詞林』，翰林的通稱。——鼎升註

增刪卜易・卷九

野鶴老人著
楚江李坦我平鑒定
湖南李文輝覺子增刪
山西李凡丁鼎升校註
婿陳文吉茂生
男茹芝山秀
仝訂

求財章第六十八

諸書之論求財，弗如《黃金策》理真論確，屢試屢驗，惜乎未經分別。今以前段爲總論，以後段分門，使後賢易曉。內有屢試而不驗者刪之，予另得其驗者增之。

財旺福興，公私稱意①；**財空福絕，上下違心**②。

① 『稱意』，合乎心意。——鼎升註
② 『違心』，不是出於本心；跟本意相違背。——鼎升註

上至國課③，下至營謀④，無不以財爲用。公占私卜，皆以財爲用神，子孫者，乃生助財爻之元神也，俱宜旺而化吉，又宜生合世爻，公私皆得如意；若逢衰墓絕空、刑沖剋害、動而變凶、日月沖破者，上下皆違心矣。

有福無財，兄弟交重偏⑤有望。

兄弟乃劫財之神，占財之最忌也。財與兄爻同動，必主阻隔破耗；倘若財爻靜而不動及不上卦者，若得子孫與兄弟同動，又爲可喜，兄動生子孫，故謂之『有望』。

財爻、兄爻、子孫爻俱動於卦中者，更爲可喜。其故何也？兄動生子，子動生財，其利甚厚，且有久遠源流之利益也。

兄興財振，官爻發動亦堪求。

兄爻與財爻同動，而官鬼亦動者，亦許得財，以官鬼剋制兄爻之故耳。

財福俱無，莫若守株待兔⑥。

財與子孫爻俱不現卦，或現於卦中又值休囚空破墓絕，或被刑沖剋壞，須宜株守⑦，圖則無益。

覺子曰：倘得日月爲財，或伏而旺者，亦可求也。

---

③『國課』，國家的稅賦。——鼎升註

④『營謀』，經商，做生意。——鼎升註

⑤『偏』，原本作『徧』，當誤，據敦化堂本與李紱抄本改。——鼎升註

⑥『守株待兔』，原比喻希圖不經過努力而得到成功的僥幸心理。現也比喻死守狹隘經驗，不知變通。——鼎升註

⑦『株守』，同『守株待兔』。——鼎升註

父兄爻動，無殊緣木求魚⑧。

父動尅福神，兄動尅財爻，此二爻動於卦中，凡有所圖，水中撈月⑨。

如酉月戊午日，占求財。得革卦——

〃		未土	官鬼
丶		酉金	父母
丶	世	亥水	兄弟
丶		亥水	兄弟
〃		丑土	官鬼
丶	應	卯木	子孫

斷曰：卦中財爻不現，亥水兄爻持世，父臨月建，生助兄爻，如緣木以求魚也。

多財反覆，必須墓庫以收藏。

卦中財臨日月，謂之『太旺』，或動變俱是財爻，日月又作財星，謂之『重疊』，若許求謀得意之時，須待財爻入墓之日。且如水作財神，辰日而得。餘倣此。

無鬼分爭，又怕交重而阻滯。

兄弟乃爭奪、阻隔、耗財之神，宜官鬼動而制之，以免分爭之患。

---

⑧『緣木求魚』，上樹找魚。喻勞而無功。——鼎升註

⑨『水中撈月』，比喻空虛幻想，不能實現。——鼎升註

覺子曰：兄爻發動，喜鬼動以制之，倘卦中兄爻安靜者，又不宜乎鬼動，鬼動反洩財爻之氣也，且有口舌。

兄如太過，反不尅財。

舊註：『卦中一位兄爻動者，最爲利害；如若兄弟爻多動者，反不劫財。⑩』

覺子曰：非也，兄爻多者，待兄爻入墓之日，及尅損兄爻之日，必劫其財，謂之『太旺者，損之斯成』。

⑩《卜筮全書・黃金策・求財》原文作：『兄弟乃占財忌殺，若有一位旺動，最爲不利；若日月動變俱帶兄弟，重叠太過，則不專一，反不尅劫，至財爻生旺日可得。』——鼎升註

如巳月丙辰日，占放印子錢⑪。得未濟之歸妹——

應			世		
○	丶丶	丶	丶丶	丶	ㄨ
巳火	未土	酉金	午火	辰土	寅木
兄弟	子孫	妻財	兄弟	子孫	父母
戌土					巳火
子孫					兄弟

此卦月建、世爻、動爻、變爻⑫俱是兄爻，占卦之後，雖則順遂，後至九月，乃兄爻入墓之月，因姦情⑬而破耗，豈可謂之『兄爻太過，反不劫其財』耶？

---

⑪『印子錢』，高利貸的一種。把本錢和很高的利息加在一起，約定期限，由債務人分期償還，每還一期，在摺子上蓋印爲記。簡稱『印子』。——鼎升註

⑫『爻』，原本與敦化堂本俱作『鬼』，顯誤，據李紱抄本改。——鼎升註

⑬『姦情』，指男女不正當的關係。——鼎升註

世遇兄臨，必難求望。

古以『卦身臨兄爻，難於求望⑭』，予因卦身不驗，只以世爻爲主：兄爻持世，難遂圖謀⑮。

野鶴曰：全在人之通變。兄弟而持世者，雖則爲忌，亦有不當忌者。

如未月丁卯日，占借貸。得晉卦——

ヽ	巳火	官鬼	
ヽヽ	未土	父母	
ヽ	酉金	兄弟	世
ヽヽ	卯木	妻財	
ヽヽ	巳火	官鬼	
ヽヽ	未土	父母	應

斷曰：雖則兄爻持世而曰無財，但喜卯日即是財星，古以『財爻剋世沖世者必得』，況應爻未土旺而生世，明日必獲。果於辰日得財。應辰日者，世動逢合之日也。

---

⑭《卜筮全書・黃金策・求財》原文作：『身或兄臨，必難求望。』——鼎升註

⑮『圖謀』，圖財謀利。——鼎升註

又如巳月丁巳日，占求財。得既濟變渙卦——

應　　　　世

ㄨ　丶　〃　○　ㄨ　○

子水　戌土　申金　亥水　丑土　卯木

兄弟　官鬼　父母　兄弟　官鬼　子孫

卯木　　　　　　午火　辰土　寅木

子孫　　　　　　妻財　官鬼　子孫

斷曰：若占久遠之財者，則無財也；若問目下之財，明日戊午必得。其故何也？兄臨世爻，日破、月破，不剋變出之財，況日、月俱作財來沖世。只因應爻而逢空，明日沖實，定送財來。果於次日送來。

又如巳月戊寅日，占何日得財？得離之豐——

世　　　　應

○　〃　丶　丶　〃　丶

巳火　未土　酉金　亥水　丑土　卯木

兄弟　子孫　妻財　官鬼　子孫　父母

戌土

子孫

斷曰：酉金財爻不動，明日卯日沖動財爻，明日必得。彼曰：兄弟持世，如何得財？予曰：兄爻動

而化墓，不尅財爻。果於次日得之。

野鶴曰：予非他書之比，偶然湊合，即以爲式，務必屢試而屢驗者，故敢教人以爲法也。予凡占得兄爻持世，而世值月破旬空化墓，及日月作財沖世尅世，或世爻兄弟變出財爻，皆許得財，屢占得驗，方敢告之。若世持兄弟，非此類者，不可如此斷也。

財來就我終須易，我去尋財必是難。

舊註：『凡遇財爻生世合世，尅世持世，皆謂之「財⑯來就我」。若卦中雖有財動，不來生合世爻，亦非我之財也。⑰』

野鶴曰：此說財不生合世爻，非我之財，即如前二卦兄爻持世，何嘗財來生合？總要斷卦之人靈機應變，參悟其理，自然觸類旁通⑱。不可執之。

福變財生，利源⑲滾滾。

財得子動生之，如財之有源也，其利豐厚。倘得子動化財，財動化子，皆同此斷。

兄傷鬼尅，口舌紛紛。

財爻持世，兄爻亦動者，不獨劫財，還防傷己。如若鬼動尅世者，更凶。

---

⑯『財』，原本與敦化堂本俱作『才』，據李紱抄本改。——鼎升註

⑰《卜筮全書・黃金策・求財》原文作：『凡遇財爻生世合世，尅世持世，皆謂「財來就我」，必然易得；若雖動出財爻，而與世爻不相干者，謂「我去尋財」，必難望也。』——鼎升註

⑱『觸類旁通』，掌握了某一事物的知識或規律，進而推知同類事物的知識或規律。——鼎升註

⑲『利源』，財利的來源。——鼎升註

覺子曰：《黃金策》云：『兄連鬼剋，口舌難逃。⑳』謂『兄動變鬼沖剋世爻者，不獨無財，還防口舌㉑』。殊不知兄動變鬼，即是兄化回頭之剋，自顧不暇，又焉能沖剋世爻？

如酉月丙午日，占貿易有利否？得師之坎——

父母	酉金	〃	應	
兄弟	亥水	ㄨ		戌土　官鬼
官鬼	丑土	〃		
妻財	午火	〃	世	
官鬼	辰土	丶		
子孫	寅木	〃		

午火財爻持世，亥水兄動劫之，幸得亥水化戌土，兄爻被剋，不來劫財，許之可行，必有利息。果得利益。後於九月，此人胞弟㉒得暴病㉓而死，予悟此卦亥水兄弟變鬼之故耳。此卦問財帶出喪弟，如此者，予屢見之，後學不可不留心也。

---

⑳《卜筮全書・黃金策・求財》原文作：『兄連鬼剋，紛紛口舌難逃。』——鼎升註

㉑《卜筮全書・黃金策・求財》原文作：『兄弟變出官鬼，刑沖剋世，不惟無財，且有口舌。』——鼎升註

㉒『胞弟』，同一父母所生的弟弟。——鼎升註

㉓『暴病』，突然發作來勢很凶的病。——鼎升註

財局合福德，萬倍利源可許。

世與財爻或與子孫爻三合成局，諸占物阜㉔財豐。

野鶴曰：須要在局中，或是合成子孫財局生世，方爲全美。倘如合成父局，勞碌辛苦；合成兄局，破耗多端；合成鬼局，口舌災非。尅世者更凶。

歲君逢劫殺，一年生意無聊。

劫煞者，乃兄弟之爻也。兄臨太歲，一年破耗。

謁貴㉕求財章第六十九

世尅官，官生世，須宜謁見；財臨破，鬼尅世，枉費奔馳。

野鶴曰：見貴有兩問也，爲名者用官，爲利者用財，皆宜持世及生合世爻爲吉。如逢空破墓絕，及動而變凶者，徒勞奔馳之力耳。

倘若世爻化鬼化尅，及隨墓助傷者，更不宜行，若非到彼之凶，定在中途遇禍。貴謁貴者同斷。

世動遇空，身興遇破。

世動化空破者，勿曰『不吉』，乃應到彼之月日也。

㉔『阜』，音fù【富】。多，豐盛。——鼎升註

㉕『謁貴』，進見地位高貴的人。——鼎升註

如申月丁卯日，占出行見貴。得同人——

應			世		
ヽ	ヽ	ヽ	ヽ	ヽヽ	ヽ
戌土	申金	午火	亥水	丑土	卯木
子孫	妻財	兄弟	官鬼	子孫	父母

斷曰：官星持世而空，出空亥日得見官府㉖，財利如心。果於出空之日見官，財利得意，月建財爻生世之故耳。

官持世、財動相生，財持世、官無缺陷，再得日月照臨，彼此緣投有幸。

日月照臨者，乃日月生世生財，或世與財爻而臨日月是也。

爲名宜父動，因利忌兄興。

凡占謁貴，既得世與官星相合相生，必然得見。若爲名利，須宜另占，不可就以此卦斷之：爲名者，宜父官兩旺；爲利者，宜財福兩旺。

㉖『官府』，指官吏。——鼎升註

如申月甲辰日，占謁貴求題薦㉗。得噬嗑——

、		巳火	子孫
、、	世	未土	妻財
、		酉金	官鬼
、、		辰土	妻財
、、	應	寅木	兄弟
、		子水	父母

斷曰：若求題薦，全仗文書。卦中財爻持世，父母受剋，難許如心。彼曰：若果得財，亦不負此一行。予曰：非此論也。爾之來意，原爲求名，此財爻持世者，乃是破文書之忌神，非許爾以得財也。覺子曰：嘗見人斷卦，竟以此財爻斷之有財。殊不知財爻持世破文書，求薦舉而不得也，誤作雖不成名，必得其利，相去遠矣。

六合六沖須看用，反吟化退枉奔馳。

爻逢六合，亦要用神旺相，或世與財官相合，乃爲吉兆；卦逢六沖，必須用神受剋失陷，始作凶徵。

卦得反吟，及世動化退，多見難於行動；勉强而去，空反而歸。

貴人謁貴，宜世應以相生；平人見貴，宜官貴而相合。

貴人謁貴人，宜於世應相合相生；平人見貴人，宜官貴相合相生，及官星持世。

㉗『題薦』，上奏朝廷，薦舉官員。——鼎升註

覺子曰：有心而問見貴求名者，官星持世生世必得官；有心問謁貴人者，官星生世合世而得見。切勿以此得見貴人之官星，誤作成名而斷也。

貴人謁貴，世應若相沖剋，財伏而空，去之何益？官鬼剋世，世變鬼變剋，更凶。㉘

平人㉙見貴，官剋世，世變鬼變剋，勿去，去則須防不測。財官生世持世爲吉。

凡出行求財謁貴，《出行章》參看。

爲貴人奔走效力求財章第七十

最重財官兩旺，不宜世應皆空。世遇財、應臨福，我益他損；應臨官、世逢破，他益我損㉚。兄爻持世，不如閑處安身；應剋世爻，防慮他人反目㉛。

世遇財星，官星臨應，無不遂也；世逢空破墓絕，及動而變凶者，皆非吉也。應剋世，兄剋世，見災還淺；鬼剋世，世化鬼，得禍不輕。

㉘ 李絨抄本前有『野鶴曰』三字。——鼎升註

㉙『平人』，平民百姓。——鼎升註

㉚『他益我損』，原本與敦化堂本俱作『他損我益』，當誤，據李絨抄本改。——鼎升註

㉛『反目』，翻眼相看，不和睦。——鼎升註

開行[32]開店及各色鋪面章第七十一

世爲己，應爲人，大宜相合；財爲本，福爲基，最喜同興。

古法『應爲夥計，又爲下顧[33]之客』。《黃金策》曰：『開行定主有人投。[34]』

覺子曰：須在來人之念。有心而問夥計，應爲夥計。若得世應相生相合，彼此同心。應生世，他益於我；世生應，我益於他。相尅相沖，兩情有變。應爻尅世，我被他瞞；世尅應爻，他從我願。應臨元武兄爻，暗中盜騙；應臨官鬼尅世，明降災非。世財應兄，受他之累；世財應子，得他之力。世應空合，彼此有虛詐之心也。

來人之念重在買賣者，須以應爻爲下顧之客。應爻生世合世，生客來交成故舊[35]；世應相沖相尅，熟人終久變成仇。

鬼作災非須忌動，財爲活計畏刑沖。

鬼動招非，尅世最忌。法云：『鬼現爻中，是非日有；鬼搖尅世，災禍連綿。』須看鬼值何神尅世，須於《家宅章》內詳之。

財爲資本，忌衰墓空破，及動而變凶，或日月刑沖尅害，更忌世與財空，俱開不成。

---

[32]『行』，即『牙行』。爲買賣雙方介紹交易、並從中收取傭金的商業機構。相當於現代的經紀人。——鼎升註

[33]『下顧』，敬詞。稱客人來訪。——鼎升註

[34]《卜筮全書·黃金策·求財》原文作：『日月相合，開行定主有人投。』——鼎升註

[35]『故舊』，舊友（總稱）。——鼎升註

鬼兄發動，有制何妨；隨墓助傷，多凶少吉。

鬼動招非，若得子孫制鬼，或日月沖尅鬼爻，謂之『有制』。

覺子曰：凡遇兄、鬼同動者，不可曰『鬼動招非』，以鬼動能制兄爻，不劫財也。兄弟又爲阻隔破耗之小人，得此鬼動，可以制服。獨不宜世隨鬼墓，或世動而變凶，皆凶兆也。

凡占貿易，雖宜財動，若遇鬼爻尅世，又不相宜，乃爲助鬼以傷身也。

卦得反吟多反復。

卦得反吟，欲行不行，行而又止，或開而又剪㊱，剪而又開。倘店開久矣，遇此一定更遷。

沖中變合再重興。

爻逢六合，及六沖卦變六合，或世與財爻、子孫共成三合，定是剪後重興。惟六合變沖，則不宜也，眼前熱鬧，終久消條㊲。

合夥不嫌兄弟，乏本㊳內外無財。

世應臨兄不吉，兄爻發動不吉。倘若世臨兄爻，日月作財星沖尅世者，反爲吉也。

內外無財，伏而又空，必然乏本。屢試果驗。

㊱『剪』，消滅，滅除。此處指停業。——鼎升註

㊲『消條』，指經濟衰退，不景氣。——鼎升註

㊳『乏本』，缺少用來營利、生息等的錢財。——鼎升註

投行損益章[39]第七十二

官若興隆，行主可千金之托；應如空破，牙人[40]無毫忽[41]之能。
官旺應旺，生合世爻者，其人可托；如若靜衰空破，即是奸險小人，倘若交財，定遭欺騙。
世被應傷，遭他陷害；財逢兄剋，慮彼相瞞。
應剋世爻，帳目難清；兄剋財爻，已入套[42]矣。
兄動貨難脫卸，子興物易交鬬[43]。
兄動阻隔，貨難罄[44]脫；子興財旺，利息豐亨。
兄雀並搖，難逃口舌；武鬼同發，須慮穿窬[45]。
雀臨兄鬼，動而剋世者，口舌官災；元武臨兄鬼，動剋世者，須防竊盜。

---

[39]『章』，原本無，據敦化堂本與文意補。——鼎升註
[40]『牙人』，貿易行爲中以介紹買賣爲業的人。——鼎升註
[41]『毫忽』，謂極微小的一點點。毫、忽均是微小的度量單位。——鼎升註
[42]『入套』，落入圈套。——鼎升註
[43]『交鬬』，猶交易。——鼎升註
[44]『罄』，音qìng【慶】。竭盡，用完。——鼎升註
[45]『穿窬』，穿壁翻墻。指偷竊行爲。『窬』，音yú【魚】。——鼎升註

囤貨賣貨章第七十三

財爻衰者須停榻㊻，妻位當時可脫之。

積貨賣貨，皆不宜財逢空破，及動而變剋。財衰宜囤，財旺以脫。如春天占得財爻屬木，謂之『旺』，宜速發賣；若臨金水土者，宜堆積也；臨火爲相，亦不宜堆。此論四時之衰旺也。

覺子曰：衰雖可買，須要查其根蒂。雖衰亦宜有根，將來再發；若無根蒂，終久難於出脫。不可不知。

如寅月己亥日，占收貨。得頤卦——

	丶	寅木	兄弟
	〃	子水	父母
世	〃	戌土	妻財
	〃	辰土	妻財
	〃	寅木	兄弟
應	丶	子水	父母

古以『財爻衰者當收』，此卦辰、戌之財，衰而不遇生扶，謂之『無根』，將來終不得價，不可收買。不聽。後來堆積四年，朽壞大半，大虧其本。

㊻『停榻』，堆棧。此處意為堆積、囤積。『榻』，通『搨』。囤積。——鼎升註

貨有定時，須憑時令；物無定者，指利而占。

定時者，有貴賤之時也：比之麻葛得價於夏令，花綿㊼得價於冬天。又如木料、綢緞無定時也。

財化進神，其價正長。

財化進神，不可收積；化退者，其價將落，有貨速宜出脫。

兄爻持世，破敗之端。

覺子曰：筭㊽甚命，問甚卜？虧人是禍，饒人是福。財將義取者，神告顯然；財之不義者，神不告矣！昔有一人虧損夥計，獨得其利，人人知而吐罵㊾。因占貨當賣否，卦得兄爻持世；又占不賣何如，又是兄爻持世。占過又占，不離兄動。予亦知其此人虧損夥計而得貨，抑且㊿素行不端㉛，予悟兄動者，破財之兆也，有利無利，神不告之。後此人不賣者，其價一日賤似一日，不得不賣。及至急急賣畢，其價大長，折本漂流，難回故里㉜。所以喪心之人，何須占卜！

㊼『綿』，原本與李紱抄本俱如此，敦化堂本作『棉』。——鼎升註

㊽『筭』，同『算』。——鼎升註

㊾『吐罵』，唾罵。——鼎升註

㊿『抑且』，況且；而且。——鼎升註

㉛『素行不端』，平素之品行不正派。——鼎升註

㉜『故里』，故鄉；老家。——鼎升註

財值旺衰墓絕，自有得令之秋；妻逢破尅伏空⑤③，豈無乘除⑤④之日？

財太旺者，得利於墓庫之月；休囚者，出脫於生旺之時。入墓必待沖開，遇絕當逢生旺。月破者，填實之候；被尅者，沖去尅神之秋；伏藏者，得價於出現之時；旬空者，沖空實空之月。財逢合住，亦待沖開。

如子月己丑日，占何時得價？得歸妹之兌——

應			世		
〃	〤	丶	〃	丶	丶
戌土	申金	午火	丑土	卯木	巳火
父母	兄弟	官鬼	父母	妻財	官鬼
	酉金				
	兄弟				

斷曰：卯木財爻，子月生之，財有根蒂，目下不得價者，被申金動而尅制，待寅月沖去申金，其價必長。果於正月勃然大長。此乃財爻被尅，沖去尅神之月也。

⑤③『破尅伏空』，原本無『尅』，據李紱抄本補。敦化堂本作『破伏空休』。——鼎升註

⑤④『乘除』，比喻自然界中的盛衰變化，此消彼長。——鼎升註

又如巳月戊申日，占買台連紙㊺有利否？得復之頤——

	ㄨ	酉金	子孫	寅木 官鬼
	〃	亥水	妻財	
應	〃	丑土	兄弟	
	〃	辰土	兄弟	
	〃	寅木	官鬼	
世	丶	子水	妻財	

斷曰：子水財爻持世，日辰生之，酉金動而生之，但嫌金水逢於夏令，元神、用神俱㊻值休囚，秋冬必長，宜於多收。果於堆時每塊九錢，後賣至三兩六七。此乃財值休囚，出脫於生旺之時也。

㊺『台連紙』，紙張的一種，用竹子做原料，細密、潔白，用於印刷和書寫。——鼎升註

㊻『俱』，原本與敦化堂本俱作『但』，當誤，據李紱抄本改。——鼎升註

又如卯月乙未日，占賣貨。得家人之小畜——

兄弟	卯木	丶		
子孫	巳火	丶	應	
妻財	未土	丶丶		
父母	亥水	丶		
妻財	丑土	ㄨ	世	寅木 兄弟
兄弟	卯木	丶		

斷曰：丑土財爻持世，卯月剋之，未日沖散，又化寅木回頭之剋，不獨財爻被剋，世爻亦被沖傷，六月世臨月破，不獨破財，且㊼防不測。果於六月回祿㊽，貨成灰燼，身被火傷，過七日而死。

覺子曰：歸妹與小畜㊾兩卦，俱是財爻受剋。前卯木之財有子月之生，謂之『有根』，所以逢寅月沖去剋神而得財。

後卦丑土財爻並無生扶，謂之『無根』，所以財命兩傷，豈可亦許沖去剋神之月而旺耶？須宜通變。

財逢合而當遇。

合者，有應動而逢合之月而得價也，亦有財爻衰靜，占時得遇日月生合者，其價目下以及時也。

㊼『且』，敦化堂本作『須』。——鼎升註

㊽『回祿』，傳說中的火神名。後因稱火災爲回祿。——鼎升註

㊾『小畜』，當爲『家人』之誤。——鼎升註

如寅月己酉日，占脫貨於何時？得賁卦——

	丶	寅木	官鬼
	⺀	子水	妻財
應	⺀	戌土	兄弟
	丶	亥水	妻財
	⺀	丑土	兄弟
世	丶	卯木	官鬼

斷曰：亥水財爻，酉日生之，寅月[60]合之，目下正及時也，但因世爻暗動，身動方可出脫。彼曰：我聞某處得價，正欲移貨去賣，不知可否？予曰：卦已明現，速宜行之。果去不數日，得價出脫。此乃爻逢六合，財逢月合，及時而脫貨也。

財逢沖而當起。

財旺而靜，或旺而空，得今日之日神沖者，其價漸漸長矣。

倘若靜而休囚，日沖爲破，勿以此斷。

[60]『月』，原本與敦化堂本俱作『日』，顯誤，據李紱抄本與文意改。——鼎升註

賣貨宜守宜動章第七十四

內財衰而外財⑥¹**旺，宜往他鄉。**

外卦財旺，生合世爻及持世者，宜往他鄉；倘若財不生合世爻，及世動化凶者，他鄉花似錦，我去不逢春。

應財外而世財內，須查動靜。

應財宜⑥²外，財爻持世者宜內，必須應爻動而生合世爻，不然應財雖旺，與己何干？

六沖須宜別圖，六合還宜坐守。

卦得六沖，雖宜改圖⑥³，予屢試之，財旺者何須更改，財衰者改亦無益。

野鶴曰：凡得此象，須令本人再占，占問更改何如？卦得財世兩旺，許之改圖；再逢衰者，還須耐守⑥⁴。

卦得六合，亦看財爻衰旺：財持世而動者，不可坐守；衰而靜者，守待旺時可也。

謂『財爻動而變也』。財衰變旺，目下雖賤，將來必長；財旺而變衰絕者，如若賣貨，宜於急賣，**財衰變旺，先曲後伸；財旺變衰，先金後土。**

⑥¹『財』，原本與敦化堂本俱無，據李紱抄本補。——鼎升註

⑥²『宜』，原本與敦化堂本俱作『以』，當誤，據李紱抄本與文意改。——鼎升註

⑥³『改圖』，改變計劃。——鼎升註

⑥⁴『耐守』，耐心等候。——鼎升註

倘若收貨，切不可收。

買貨與賣貨相反，財爻旺而可賣，衰者宜買。內卦財衰，宜於外賣；世爻財旺，近地相宜。財化進神，宜往外方發貨；世爻化退，宜回舊地出脫[65]。

往何方買賣章第七十五

古法有之，屢試不驗，須指其方而卜之。[66]

如午月戊子日，占往楚[67]買豆。得臨卦——

⚋		酉金	子孫
⚋	應	亥水	妻財
⚋		丑土	兄弟
⚋		丑土	兄弟
⚊	世	卯木	官鬼
⚊		巳火	父母

斷曰：亥水財爻休囚於外，楚豆必賤；子水日建而生世，必得厚利。須宜行之。但嫌間爻兄弟，月

[65]『出脫』，商品賣出。——鼎升註

[66]李紱抄本前有『野鶴曰』三字。——鼎升註

[67]『楚』，指湖北和湖南。特指湖北。——鼎升註

生日合，耗費者多。後果牙行㉘作弊，鳴㉙之於官，遲誤一月，花費些須㉚。幸到地頭㉛其價大長，果得厚利。此乃指其地而占者，無不驗也。

買何貨爲吉章第七十六

古以『金財而像珠寶玉石，水財以類魚鹽，火財陶冶㉜，果品木財，土爲五穀。青龍木利，又兼喜慶之用；白虎金財，喪儀屠宰之物；元武水利；朱雀火宜；螣蛇利於出入；勾陳利於農工』。

野鶴曰：此乃揣摩五行之論，非經驗也，屢試不驗。間有驗者，乃湊合耳，不可爲法。必須意屬何類，指其事而占之，無有不驗。

㉘『牙行』，爲買賣雙方介紹交易、並從中收取傭金的商業機構。相當於現代的經紀人。——鼎升註

㉙『鳴』，原意爲喊叫，此處指向上級官府申告。——鼎升註

㉚『些須』，很少。——鼎升註

㉛『地頭』，當地；本地。——鼎升註

㉜『陶冶』，燒製陶器和冶煉金屬。——鼎升註

如未月戊申日，占往粵東[73]探親，可帶何貨歸來得利？得旅卦——

朱雀	青龍	元武	白虎	螣蛇	勾陳
		應			世
、	〃	、	、	〃	〃
巳火	未土	酉金	申金	午火	辰土
兄弟	子孫	妻財	妻財	兄弟	子孫

斷曰：爻逢六合，世應相生，此行遂意。如問置買何貨，予無此法，不敢相誤。但喜既得吉卦，任爾冬天賣扇，夏月賣氈，亦有厚利。後此人買檀香[74]翠毛[75]而歸，俱得大利。若執古法而斷者，此卦酉金爲財，可買珠寶玉石耶？財臨元武，可買水利魚鹽耶？

---

[73]『粵東』，古稱廣東、廣西爲百粵之地，故稱兩粵，亦稱兩廣。又稱廣東爲粵東，廣西爲粵西。——鼎升註

[74]『檀香』，又稱『白檀』。檀香科植物。木材極香，可製細木工和雕刻工藝品，如檀香扇。——鼎升註

[75]『翠毛』，翠鳥的羽毛。——鼎升註

借貸章第七十七

世逢兄何須開口，應空破難遂我心。財若破空休指望，子興財發可干求[76]。

世應兩爻，皆不宜月破旬空；兄弟一爻，不可臨身及動。

如未月丁卯日，占借貸。得兌之震——

世	〃	未土	父母		
	○	酉金	兄弟	申金	兄弟
	、	亥水	子孫		
應	〃	丑土	父母		
	○	卯木	妻財	寅木	妻財
	、	巳火	官鬼		

斷曰：兌卦屬金，變震卦屬木，金剋木為財。卯木財爻化退神，酉金兄動亦化退神，幸得財臨日辰，旺而不退，明日辰日合住酉爻，必得。果於辰日得之。此乃酉金兄爻得辰日合住，不能剋阻其財。

---

[76]『干求』，求取所想要的。——鼎升註

放債索債章第七十八

兄臨世，放則無歸；應臨兄⑰，索則不獲。應鬼尅身防負義⑱，應財生世定懷忠⑲。

古以『世應同人，放債必然連本折⑳』，謂『不獨世臨兄弟忌之，應臨兄者亦忌』，『官鬼尅身，美意終成惡意』。

買賣六畜章第七十九

山野獸禽，須尋福德；家畜牛犬，亦看子孫。

不拘家禽㉑野獸，皆以子孫爲用神，兼看財爻：財爻持世，子動生之，或日月生助，或財動化子孫，乃吉象也，不拘買賣畜養，多多益善，大有利息。

子孫持世，財爻合世，亦有利益。獨防鬼變子孫、子孫變鬼，父化子、子化父，父兄持世、財臨空破，不可行之。

---

⑰『應臨兄』，原本與敦化堂本俱作『弟爻兄』，當誤，據李紱抄本改。——鼎升註

⑱『負義』，背棄恩義。——鼎升註

⑲『懷忠』，胸懷忠誠。——鼎升註

⑳《卜筮全書·黄金策·求財》原文作：『世應同人，放債必然連本失。』——鼎升註

㉑『禽』，敦化堂本作『畜』。——鼎升註

如丑月丁卯日，占買馬往南發賣。得鼎之大有——

	丶	巳火	兄弟	
應	〢	未土	子孫	
	丶	酉金	妻財	
	丶	酉金	妻財	
世	丶	亥水	官鬼	
	ㄨ	丑土	子孫	子水　官鬼

斷曰：內卦子孫雖臨月建，不宜動而變鬼，外卦未土子孫又臨月破，不宜買之。幸而間爻酉財暗動生世，馬雖多死，財不致於大耗。後果買馬七十餘匹，一路多死，僅存二十八匹，幸而得價，不致大虧其本。

博戲[82]章第八十

有技鬥、力鬥，首重世應，若鬥勝以得財者，兼用財爻。世喜臨於日月，財宜日月生扶，世爻動而化吉，應帶財而生世，皆我勝也，反此者，必係他贏。兄動卦中，破財之兆；鬼爻尅世，災禍相侵。

---

[82]『博戲』，賭輸贏、角勝負的遊戲。——鼎升註

亦有禽鳥鬥者，專重子孫。子孫旺者必勝，休囚空破，或被刑沖尅害，及卦中父動者，多被其傷。

如巳月戊申日，占鬥鵪鶉[83]。得漸之巽——

應	丶	卯木	官鬼	
	丶	巳火	父母	
	〃	未土	兄弟	
世	丶	申金	子孫	
	ㄨ	午火	父母	亥水 妻財
	〃	辰土	兄弟	

斷曰：子孫持世以臨日辰，父爻雖動，亥水制之，獨不宜亥爲月破，難於制火，今日巳午時，切不可鬥。彼曰：何也？予曰：巳午時，午火父母得令，必尅子孫。果於早鬥得勝，午時又鬥，大敗破財。

---

[83]『鵪鶉』，鳥名。體形似鷄，頭小尾禿，羽毛赤褐色，雜有暗黃條紋。雄性好鬥。——鼎升註

請會搖會章第八十一⑧④

請會須宜財旺，更宜世應相生。卦遇六沖，財雖旺而不久；六沖變合、世應相尅，亦成；六合變沖，有始無終；財逢絕破，速宜止之。

搖會得否？旺財持世必得。如占何時可得，財破財空，填實之月；財若伏藏，出現之月；財太旺者，逢墓之月；財衰絕者，逢生旺之月；倘得財化回頭之尅，及衰靜而逢空破，又遇六沖者，會場必散，終無得會之日矣。

⑧④『會』，指合會，舊時民間盛行的一種信用互助方式。一般由發起人（稱『會頭』）邀請親友若干人（稱『會脚』）參加，稱爲『請會』，約定每月、每季或每年舉會一次。每次各繳一定數量的會款，輪流交由一人使用，藉以互助。會頭先收第一次會款，以後依不同方式，決定會脚收款次序。如按預先排定次序輪收的，稱爲『輪會』；如按搖骰方式確定的，稱爲『搖會』；如用投標競爭辦法決定的，稱爲『標會』。——鼎升註

行險求財章第八十二

覺子曰：古以『青龍財爻爲吉』。予以此非營生之本，必喪心之事也，行此喪心之事，亦敢告之於神耶？既告之於神，而神若以吉凶而報者，乃神之教人而作喪心之事也，可謂之『大道之易卦』耶？可謂之『伏羲⑧⑤大聖之神』耶？然不獨此，凡有非義非禮之事，不忠不孝之謀，一念之惡，惡神隨之，即不告之於神，亦遭天譴⑧⑥！《書》曰：『惠迪吉，從逆凶。⑧⑦』何須問卜？

增刪卜易卷九終

---

⑧⑤『伏羲』，古代傳說中的部落酋長。相傳他始畫八卦，教民捕魚畜牧，以充庖厨。又名包犧、宓羲、伏戲。——鼎升註

⑧⑥『天譴』，上天的責罰。——鼎升註

⑧⑦語出《尚書·大禹謨》。順道而行則吉，反其道而行則凶。——鼎升註

增刪卜易・卷十

野鶴老人著
楚江李坦我平鑒定
湖南李文輝覺子增刪
山西李凡丁鼎升校註
婿陳文吉茂生
男茹芝山秀
仝訂

婚姻章第又八十二

覺子曰：男家占女，不拘父母親朋而代占者，無不以財爲用；女家占男，皆以官爲用神。用官者，官有生扶，用財者，財爻旺相，即許成婚。今見古今諸書，又以『財旺傷尅父母』，予不知宜財之旺而爲吉也，宜財不旺而爲吉也？或曰：《黃金策》云『翁姑不睦，皆因妻位交重①』，《海底眼》曰『財動喪雙親』，《易冒》亦曰『妻財動，父母參商②』，俱以財動傷尅父母，未說旺也。予曰：動則能傷父

① 《卜筮全書・黃金策・婚姻》原文作：『翁姑不睦，定因妻位交重。』——鼎升註

② 《易冒・婚姻章》原文作：『妻財動，公姑參差。』『參商』，二星名。參在西，商在東，此出彼沒，永不相見。比喻雙方隔絕。『參』，音shēn【身】。——鼎升註

母，旺則不能傷耶？假令春天占卦，財爻屬木，謂之『女命旺而可取③』，但父母爻定然屬土，如此當權得令之財爻，不尅休囚之父母耶？何必曰『動』？殊不知昔人言動而不言旺者，正恐後人駁論，所以諱言其旺，不得已而言動也，豈知亦被看破。或曰：據爾之論，何以爲法？予曰：分占之法也！先要財官旺相，既得吉卦，再占妨④尅父母，是其法也。

《黃金策》專以應爲妻位，《易冒》亦以應爲妻，欲其旺相，乃爲賢良發福之女；又以應爲女家父母，謂之『應爻旺相，必是富貴之家；應若休囚，必主貧寒之宅⑤』。執此論之，旺相賢良之女，皆出於富貴之家。種種悖謬⑥，予不知千百年來，竟無一人道破。

男卜女姻財要旺，女占男配鬼宜興。

男家代占女，專以財爲用神，以應爻爲女家。財宜旺相，動而化吉，應爻不宜空破及尅世爻。

女家代占男，專以官爲用神，以應爻爲男家。宜官星旺相，動而化吉，應爻不宜空破墓絕，不宜尅世。

男人自占妻者，亦以財爻爲用，兼以應爻爲女身。財與應爻，皆宜生世持世合世，須忌破墓絕空；財旺生身，應值破空，亦取；應爻生世，財爻破絕，勿求。

---

③『取』，通『娶』。——鼎升註

④『妨』，敦化堂本作『防』。——鼎升註

⑤《易冒·婚姻章》原文作：『男占，則以應爲女家；……旺相富豪，休囚貧乏。』——鼎升註

⑥『悖謬』，音bèimiù【被繆】。荒謬；不合道理。——鼎升註

野鶴曰：財爻、應爻同來生合世者，更吉。大抵以財爻爲重，應爻爲附和耳。《黃金策》曰『應爲百歲之妻』，重應而不重財，謬也。

即如子年未月己未日，自占婚。得明夷變豐卦——

	、、	酉金	父母	
	、、	亥水	兄弟	
世	ㄨ	丑土	官鬼	午火 妻財
	、	亥水	兄弟	
	、、	丑土	官鬼	
應	、	卯木	子孫	

世臨丑官，雖臨月破、日破，幸得動化財爻回頭之生，目下雖破，終有不破之時，明歲丑年，定逢佳偶⑦。果於次年四月得配良姻⑧。應丑年者，世爻實破之年也。此非財爻生世，應爻尅世耶？

---

⑦『佳偶』，感情融洽、生活美滿的夫妻，美好的配偶。——鼎升註

⑧『良姻』，好姻緣。——鼎升註

子月癸酉日，自占婚。得恒變鼎——

應　　　　世
✕　〃　、　、　、　〃
戌土　申金　午火　酉金　亥水　丑土
妻財　官鬼　子孫　官鬼　父母　妻財
巳火
子孫

斷曰：酉官持世，戌土財爻動而生世，又得世應相生，戌土雖值旬空，動不爲空，明日出空之日，求之必允。果於次日巳時允婚，夫婦白頭相守，兒女成行。

又如寅月丙午日，女家代占婚。得臨之既濟——

應　　　　世
〃　✕　〃　✕　○　、
酉金　亥水　丑土　丑土　卯木　巳火
子孫　妻財　兄弟　兄弟　官鬼　父母
　　戌土　　亥水　丑土
　　兄弟　　妻財　兄弟

覺子曰：『女家占男，以官爲用，以應爻爲男家』，此古法也，亦死法也，斷卦之時，須要人之活變，未必全得顯而易見者。即如此卦，女家占男，卯木旺官持世，其婚必成，而應爻受尅，又爲男家不

允。似此，何以決之？要知財官爲重，世應爲輕，雖是女家占男，亦要財爻不致於失陷，此一卦也，關乎⑨男女兩人。財被回頭剋，又逢丑土之剋，如何能生卯木之官？男女不能相合相生，婚姻雖成，終有他變。後果聘定於四月，未及成婚，被賊兵劫去。應巳月者，亥水逢月破也。

財值休囚破散，終非舉案之姻；官逢衰墓絕空，難遂齊眉之願。⑩

財爻官爻，不宜墓絕空破，又不宜動而化破化散、化剋化鬼，乃夭折⑪貧寒之命。男占，忌財爻犯之；女占，忌官爻犯之。

男女自占，世爻忌犯，勉强成婚，參商即見。

世靜空亡動化退，終須失望。

動而空者，實空之月日必成；靜而空者，終不成也。世動化進神，事在必成；若化退神，終須難就。

應爻靜而空破及化退神，亦同此推。

應靜旬空財化進，夙有良緣。

應空他人不實，若動化退神，必有退悔之心，若得財爻動化進神而生世者，雖見退悔，終是良姻⑫。

若世應動而破者，亦應實破之時。

---

⑨「關乎」，關係到；涉及。——鼎升註

⑩「舉案」「齊眉」，後漢梁鴻的妻子孟光給丈夫送飯時，總把端飯的盤子舉得與眼眉相齊，表示尊敬。後用以形容夫妻相敬有禮。——鼎升註

⑪「夭折」，未成年而死。亦稱「夭亡」。——鼎升註

⑫「姻」，敦化堂本作「緣」。——鼎升註

世應皆空徒費力，反吟多變事難成。

世應俱空，事無准實；反吟卦變，反覆難成。

野鶴曰：須得空而逢旺，財鬼相生，先雖不允，變後還成。

如巳月戊子日，占婚允否。恒變晉——

應	ㄨ	戌土	妻財	巳火 子孫
	〃	申金	官鬼	
	丶	午火	子孫	
世	○	酉金	官鬼	卯木 兄弟
	○	亥水	父母	巳火 子孫
	〃	丑土	妻財	

斷曰：內卦反吟，反復多變，允而復悔之象。彼曰：果然。不知將來成否？予曰：應爻臨財，動而生世，八九月必成。果於酉月成之，乃應世爻值月，又沖去卯木之月也。

（鼎升曰：原本與敦化堂本卦名『恒變晉』俱作『恒變井』，且所列卦象亦俱作『恒變井』，顯誤，據李紱抄本與卦意改。）

男占兮，兄動卦中非配偶。

兄爻持世，或兄弟發動，乃傷妻阻隔之神，婚必難成；已成之婚遇此者，刑傷不免。

覺子曰：予得之驗，兄持世，財爻合世，必成；世臨兄爻，化出財爻，亦成。

女卜兮，官爻持世是良緣。

女占男，不宜子孫持世、子孫發動。子孫乃剋夫之神，未成者不成，已成者，傷夫再嫁。惟官星持世合世生世，旺相者，不獨姻緣必就，還期舉案齊眉。卦中官星重疊者，亦主再嫁。

財官世應沖刑，夫妻反目⑬。

如巳月乙亥日，占夫婦不和，將來和好否？得需之大過——

ヽヽ		子水	妻財		
ヽ		戌土	兄弟		
ㄨ	世	申金	子孫	亥水	妻財
ヽ		辰土	兄弟		
ヽ		寅木	官鬼		
○	應	子水	妻財	丑土	兄弟

斷曰：女占夫，不宜子孫持世，乃剋夫之象。幸寅木子水相生，不能傷之，所以不和。今兼應爻爲夫，應逢子丑作合，尊夫已有外遇，水木相生，兩人情密⑭。彼曰：果然。後來何如？予曰：爾兩人不是姻緣，雖則不能死別，必有生離。果於次年寅月休⑮其此人，六月再取彼婦。應寅月者，夫臨寅木而沖世也；應六月者，未土沖開初爻丑土，子水來生其寅木也。

---

⑬『反目』，翻眼相看，不和睦。——鼎升註

⑭『密』，敦化堂本作『蜜』。——鼎升註

⑮『休』，舊時丈夫把妻子趕回娘家，斷絕夫妻關係。——鼎升註

旺相爻逢六合，彼此同心。

爻逢六合，占婚最宜，更要財官旺相爲吉：男忌財逢破墓，女防官位尅絕。六沖變六合者更吉：求婚者，目下不允，終必成之；已成不睦者，終須⑯和美。

惟忌六沖卦，若無財官兩旺，切不可成，勉强成之，若非死別，定是生離。六合變六沖⑰，先雖許允，後必更張⑱；已成者，終須拆枕⑲。

即如戌月庚申日，占已娶活人之妻⑳，夫回成訟，斷離否？得困之兌——

父母	未土	〃		
兄弟	酉金	丶		
子孫	亥水	丶	應	
官鬼	午火	〃		
父母	辰土	丶		
妻財	寅木	ㄨ	世	巳火 官鬼

斷曰：財爻持世，乃是美姻緣也。凋零之木被日辰沖散，又是六合變沖，不獨斷離，還防有罪。彼

---

⑯『須』，敦化堂本作『必』。——鼎升註

⑰『六沖』，原本無『六』，據敦化堂本與李紱抄本補。——鼎升註

⑱『更張』，調節琴絃。喻變更或改革。——鼎升註

⑲『拆枕』，分開枕頭。喻夫妻離異。——鼎升註

⑳『活人之妻』，指有夫之婦。——鼎升註

曰：業已狀告姦謀㉑，不知何如？予曰：世爻、變爻與日辰共作三刑，爾兩人皆不免於刑杖。後果審出姦娶㉒，男女俱被杖刑，即斷離異。

古用『咸恒節泰㉓』，忌逢『睽革解離』。

覺子曰：《易冒》有云：『卦得咸恒㉔節泰，若不遇合沖變沖，雖財官衰陷，隨墓助傷，皆不爲凶；睽革解離則爲凶兆，雖用神全備而化合，亦不爲吉。此言「用神未勝於卦驗」也。㉕』

曾於巳月丁卯日，占婚於何時？得泰卦——

應	⚋	酉金	子孫
	⚋	亥水	妻財
	⚋	丑土	兄弟
世	⚊	辰土	兄弟
	⚊	寅木	官鬼
	⚊	子水	妻財

予見此卦兄爻持世，亥財臨月破、旬空，子水之財，世爻剋之、日辰刑之，古雖以泰卦爲吉，予焉

㉑『姦謀』，私娶，私通。——鼎升註

㉒『姦娶』，同『姦謀』。——鼎升註

㉓『咸恒節泰』，原本與敦化堂本、李紱抄本俱作『咸臨節泰』，當誤，據《易冒・婚姻章》改。《卜筮全書・天玄賦・伉儷章》中亦有『咸恒節泰，百年似魚水之相投』一句。——鼎升註

㉔參前註。——鼎升註

㉕《易冒・婚姻章》原文作：『若咸恒節泰爲吉，惟合沖變沖而不宜；睽革解離爲凶，雖用備化合而不吉。如咸恒節泰，若不遇合沖變沖，雖財官衰陷，隨墓助傷，皆不爲凶，所謂「用神未勝於卦驗」也。』——鼎升註

敢以人之婚姻大事而試卦耶？命之再占。

又得坤卦——

世	⚋	酉金	子孫
	⚋	亥水	妻財
	⚋	丑土	兄弟
應	⚋	卯木	官鬼
	⚋	巳火	父母
	⚋	未土	兄弟

世爻休囚爲日破，亥水財爻臨月破，卦遇六沖，大凶之兆，故知前得泰卦，非爲吉也，仍用財官世應者爲是。然亦不可竟以爲是，凡有所疑，勿執古法而斷，須以再占之卦而決之：後卦若吉，即以吉斷；後卦凶者，則以凶推。神不欺人，彼此兩無誤矣。

財化財，未必婚姻兩度；鬼化鬼，難曰相守百年。

《黃金策》曰：『財爻重疊，重作新人。㉖』予屢試之，男家占女，財爻重疊，旺相生合世爻者，多主賢妻美㉗妾；財化財者，或應雙取㉘，或應婢妾同來，或應妻妾之多，或應粧奩㉙甚厚。惟忌爻中兄動，及日月沖尅財爻，花燭㉚重重所不免耳。

㉖《卜筮全書・黃金策・婚姻》原文作：『財官疊見，重爲一度之新人。』——鼎升註

㉗『美』，原本作『姜』，顯誤，據敦化堂本與李紱抄本改。——鼎升註

㉘『雙取』，同時娶兩房妻妾。『取』，通『娶』。——鼎升註

㉙『粧奩』，同『妝奩』。女子梳妝用的鏡匣。借指嫁妝。『奩』，音lián【連】。——鼎升註

㉚『花燭』，飾有龍鳳花紋的蠟燭，舊時婚儀點用。借指新婚。——鼎升註

女占男家，得遇財化財、財爻重疊生世者，必主百輛盈門，千金爲聘㉛；不宜鬼動化鬼，必主夫亡；及鬼爻重疊剋世，若非爭婚奪娶，定然反復災非。男占遇之，亦主更變。剋世者，亦可止也；世爻化鬼者，更宜止之。

兄臨元武防劫騙，鬼臨白虎遇凶喪。

兄鬼動臨元武，防局中奸詐騙財，縱使世應相生，財官無害，必須大費㉜。鬼臨虎動，或未過門㉝，或過門不久，必見喪事。

應財世鬼，夫唱婦隨；應鬼世財，夫權妻奪。

世持鬼，應持財，謂之『陰陽得位，必然鸞鳳齊鳴㉞』；鬼臨應，財持世，牝㉟鷄鳴晨，妻奪夫權，惟贅婿㊱得之反吉。

㉛『聘』，舊時稱訂婚、迎娶之禮。——鼎升註

㉜『大費』，巨大的耗費、損失。——鼎升註

㉝『過門』，女子出嫁到男家。——鼎升註

㉞『鸞鳳齊鳴』，夫妻感情和諧美滿。『鸞鳳』，喻夫婦。——鼎升註

㉟『牝』，音pìn【聘】。雌性鳥獸。——鼎升註

㊱『贅婿』，指就婚、定居於女家的男子。以女之父母爲父母，所生子女從母姓，承嗣母方宗祧。秦漢時贅婿地位等於奴婢，後世有所改變。『贅』，音zhuì【墜】。——鼎升註

此婚子嗣有無章第八十三

子孫旺相，或休囚而動，及動而化吉，皆主有子。子化進神，化回頭生，有子必多。如逢子孫墓絕，動而變鬼、鬼變子孫，父化子、子化父、父動尅子，皆因我命無兒，不成此婚亦無子也，惟多積陰德㊲以培之。

如申月丁丑日，因有妾多，占何命者有子？得革之夬——

		世			應
〃	、	、	、	ㄨ	、
未土	酉金	亥水	亥水	丑土	卯木
官鬼	父母	兄弟	兄弟	官鬼	子孫
				寅木	
				子孫	

斷曰：卯木子孫絕於申月，鬼變子孫，又逢月破，公命無子，與女命何干？即出八字觀之：甲寅、

㊲『陰德』，暗中施德於人；在人世間所做的而在陰間可以記功的好事。——鼎升註

甲戌、甲子、戊辰。予曰：八字雖奇，純陽包陰，兵權顯赫，但嫌平頭煞㊳重，叠叠魁罡㊴，亦主無子。公曰：有何法耶？予曰：多積陰德以培之。公曰：『不孝有三，無後爲大。㊵』嗣後㊶施濟貧寒，全㊷人夫婦，修橋砌路，施藥施棺，連生二子。臨終囑其子曰：我非陰功㊸，不能有爾，爾若成人，多宜積德。

㊳『平頭煞』，八字學中神煞之一。甲子、甲辰、甲寅、丙寅、丙辰、丙戌等日，及八字多見甲、丙、戊等平頭字形者。——鼎升註

㊴『魁罡』，辰爲天罡，戌爲河魁，均星煞名，是陰陽滅絕之地。此處魁罡指八字學中神煞之一。《淵海子平》謂：『夫魁罡者有四：壬辰、庚戌、庚辰、戊戌日是也。』——鼎升註

㊵語出《孟子・離婁上》：『不孝有三，無後爲大。舜不告而娶，爲無後也，君子以爲猶告也。』——鼎升註

㊶『嗣後』，以後。——鼎升註

㊷『全』，保全。——鼎升註

㊸『陰功』，參前『陰德』。——鼎升註

此婚有宜於父母否章第八十四

專以父母爲用神。父母爻或旺或衰，皆不忌也，所忌者財爻發動，必此婚之有妨也。如財化父母、父母化財，鬼化父母，父母動化墓絕空破及回頭尅，動而破散或日月尅父母，乃桑榆日暮㊹之秋，不成此婚亦難免耳。

納寵㊺章第八十五

爲子嗣者，子孫爲用神，與前段占子嗣同斷，否則專看財爻，亦與占婚同斷。

占配僕㊻：

財爻爲用。財爻持世，或動而生合世爻，動而化進化生，財化財，皆得忠誠效力；散破空絕，非懶惰即疾病；財爻尅世沖世，負義忘恩之徒也；財化鬼化絕、化墓化尅，及鬼化財爻，貧窮壽夭。

㊹『桑榆日暮』，落日的餘輝照在桑榆樹梢上。比喻老年的時光。——鼎升註

㊺『納寵』，納妾。——鼎升註

㊻『配僕』，即買奴婢，且不分男女。清代奴婢買賣的契約，有相當一部分是以『婚書』（舊式結婚的文約）的形式來作爲文字憑證的，是奴婢被賣、進入主家，成爲『卑幼』的法律憑據。奴婢沒有人身自由，其自身和子孫均是主人的財産，主人有權將其出賣、轉送他人。法律上，奴婢處於主人子孫的位置。——鼎升註

取離婦跳娼婦章第八十六

防患者用子孫。子孫持世、子孫發動，皆無憂也；財爻持世，子動相生而更吉。鬼兄尅世、隨墓助傷、鬼爻持世，婚姻雖就，禍患隨之；財尅世、兄持世，落人之局，必人財兩失。防攔阻者，兄動不成，鬼動有禍。兄爻持世，到底難成；財動相生，不謀而就。六沖變沖爲凶，三合六合者吉。六合變沖，成而不久；六沖變合，終必有成。奪强婚㊼、遂私約㊽，非禮非義，勿告於神。

出妾休妻，原非所欲，有不得已而出者，心去難留。

李我平曰：古法占婚，不言正理，多尚浮辭㊾，議論多端，總無憑據，不知先賢何以指人之迷也？《黃金策》曰：『夫若才㊿能，官占長生之位；妻如醜拙，財落墓庫之鄉51。』此猶近理。《易冒》以八宮而推容貌，六神而定才52情，則不可也。

㊼『奪强婚』，用暴力或威脅手段强迫對方（多爲女方）跟自己或別人結婚。——鼎升註

㊽『遂私約』，無媒妁而由男女雙方私下議訂的婚約。——鼎升註

㊾『浮辭』，浮泛多餘之辭。——鼎升註

㊿『才』，原本與敦化堂本俱作『財』，顯誤，據李紱抄本改。——鼎升註

51《卜筮全書・黃金策・婚姻》原文作：『夫若才能，官位占長生之地；妻如醜拙，財爻落墓庫之鄉。』——鼎升註

52『才』，原本與敦化堂本俱作『財』，顯誤，據李紱抄本改。——鼎升註

假令卯月戊日，得否卦——[53]

朱雀	青龍	元武	白虎	螣蛇	勾陳
應			世		
⼂	⼂	⼂	⼂⼂	⼂⼂	⼂⼂
戌土	申金	午火	卯木	巳火	未土
父母	兄弟	官鬼	妻財	官鬼	父母

旺財持世，推容貌以八宮者，此卦財在乾宮，乾爲天，謂『儀容端正，質性聰明，配天德之淑女[54]』也。然財臨白虎，若兼六神而斷，白虎乃悖逆[55]之星，成婚之後，配天德之良女而悖逆者，未之有也。是以容貌才情，不必卜之，豈不聞『在德不在色』？婚姻自有一定之緣。財旺官興，定遂唱隨[56]之好；相生相合，自有悅己[57]之容。吉者求之，凶者棄之，用財官兼世應而斷，足矣。必欲兩命不宜入墓、六親俱不相妨，父母不可淪、子孫不可溺，財爻不宜動、官鬼不宜沒，夫婦勿二、陰陽莫悖，事事求全，不惟世無此十全之女，即六十四卦之中，無此十全之卦也。浮辭誑[58]世，實誤後人！

---

[53] 原本未排出卦象，據文意補。——鼎升註

[54] 《易冒・婚姻章》原文作：『如財在乾，儀容端正，質性聰明，有丈夫之風，謂配天德也。』『淑女』，賢良美好的女子。——鼎升註

[55] 『逆』，原本作『遂』，顯誤，據敦化堂本與李紱抄本改。——鼎升註

[56] 『唱隨』，『夫唱婦隨』的略語。比喻夫婦和睦相處。——鼎升註

[57] 『悅己』，喜歡自己。——鼎升註

[58] 『誑』，敦化堂本作『訓』。——鼎升註

胎孕章第八十七

卜胎之虛實、占孕之安危、問産婦之吉凶、測胎中之男女，各宜分占。親占代占，皆用⑲子孫。惟子占母孕，以弟兄爻爲用神也。

福神旺相遇生扶，麟種⑳兆瑞㉑；子孫休囚逢破散，泡孕㉒空虛。

子孫臨日月，或遇日月動爻生扶，或動而化吉，皆許成孕；若臨空破散絕，或被刑沖尅害，或動而變鬼，化絕化破，或鬼變子、父變子、子化父，水泡風燈㉓。惟動而空者不妨。

子化子，雙生有准。

子動化子孫，或卦中子孫多動，或已有旺相之子孫動者，他爻又變出旺相之子孫，皆主雙胎。《卜筮元龜》云：『子孫兩旺，定是雙胎。』

覺子曰：兩動兩旺者，此斷是也；內有一衰者，一死一生；一陰一陽者，一女一男；兩現一不動者，非也。

---

⑲『用』，原本無，據敦化堂本與李紱抄本補。——鼎升註

⑳『麟種』，麒麟的後代。喻貴族子孫。——鼎升註

㉑『兆瑞』，吉祥的徵兆。——鼎升註

㉒『泡孕』，假孕；沒有實際受胎。——鼎升註

㉓『水泡風燈』，水中的泡，風中的燈。比喻爲時短暫或落空的事情、希望。——鼎升註

陽變陰，男女可辨。

六爻靜，先看卦包：陰包陽生男，陽包陰生女。陰包陽，坎卦、大過、小過、咸、恒卦是也；陽包陰，離卦、中孚、頤、損卦是也。其餘非也。

（鼎升曰：『陰包陽生男，陽包陰生女』，原本與敦化堂本、李紱抄本俱作『陰包陽生女，陽包陰生男』，當誤，據《天玄賦》、《易隱》、《易冒》諸本與後文『彼曰：小過卦謂之「陰包陽」，如何生女？』之文意改。

《天玄賦・六甲章》中有『陰包陽，則桂庭添秀；陽包陰，則桃洞得仙』一句，其後註解爲：『若子孫爻屬陽，初爻六爻屬陰，此陰包陽也，主生男；子孫爻屬陰，初爻六爻屬陽，此陽包陰，主生女。』

《易隱・胎産》中則曰：『如子孫安靜者，則取大象陰陽相包者斷之：如天澤履卦，乃陽包陰，生女也；雷地豫卦，乃陰包陽，生男也。』

《易冒・胎産》中的說法爲：『如定男女，先以卦之陰包陽者爲男，陽包陰者爲女，坎離自包同焉。……』其後註解爲：『欲定男女，其法有三：一曰卦包，……，如坎、大過、小過、咸、恒，謂之陰包陽；離、頤、中孚、益、損，謂之陽包陰。謙、豫、履、小畜、升、萃、无妄、大畜則非。……。』

由於《增删卜易》基本脫胎於以上諸本，故『陰包陽生女，陽包陰生男』一句，當爲原書作者之筆誤。）

六爻既靜，若無卦包，須看子孫值陽爲男，值陰爲女。

卦有動爻者，雖有卦包而不用。神兆機於動，先看動爻：一爻動者，陽動爲女，陰動爲男；兩爻動者，看上爻；若有三爻發動，看中爻；卦中多動者，來意不誠，改日再占，即刻連占，亦不驗也。

如辰月戊辰日，占孕男女。得小過之豫——

	、、	戌土	父母	
	、、	申金	兄弟	
世	、	午火	官鬼	
	○	申金	兄弟	卯木 妻財
	、、	午火	官鬼	
應	、、	辰土	父母	

予曰：爾之來意，還是問妻孕平安，還是問孕之男女？彼曰：兩事俱問。予曰：日後須宜分占，不可同問。幸此卦兩事俱現：兄爻雖動，不尅變出之財爻，尊正[64]坐草[65]無虞；卦中陽動變陰，必然生女。彼曰：小過卦謂之『陰包陽』，如何生女？予曰：神兆機於動，先重動爻。果於壬申日生女，産母平安。

覺子曰：占妻平安及占男女，原宜分占，彼若閑時而問，兼問者還可同斷，若在臨産危急之時而問者，切不可以男女而斷。

---

[64]『尊正』，對別人妻子的敬稱。——鼎升註

[65]『坐草』，婦女臨産。——鼎升註

如辰月戊子日，女人自卜孕。得艮之剝——

世	⚊	寅木	官鬼
	⚋	子水	妻財
	⚋	戌土	兄弟
應	○	申金	子孫　卯木官鬼
	⚋	午火	父母
	⚋	辰土	兄弟

此女人生產，已有一日一夜矣。予斷曰：明日申時得生。彼夫曰：何以知之？予曰：卦中申金子孫，一爻獨發，自占者，官鬼持世，明日申時，子孫當時出現，尅去身邊之鬼而無憂也。或曰：何不許今日申時？予曰：今日子日，沖動午火尅金，今日不能。又問：是男是女？予曰：爾不知其易理，此卦如何定得男女？神卦隨人之念，占此應此，占彼應彼。若在閑暇無事之時而問者，必有男女之念，此時性命在呼吸之間，只願離身得命足矣！神現生產之時，不報男女。果生男於次日申時。此卦若以陽動變陰，牽扯兼斷者，不知易理之人也！

問產婦安否章第八十八

坐草臨盆⑯嫌鬼動，胎前產後忌兄搖；財臨絕破妻難保，鬼化妻財命不牢。

問產婦，夫占代占，皆以財爲用神。雖則不宜鬼動，倘若兄動剋財，又宜鬼動制服兄爻。不宜財變鬼、鬼變財，兄化財、財化兄，及妻逢月破、休囚墓絕、化墓化絕，或日月沖剋，皆爲凶兆。

覺子曰：問胎問婦，雖宜分占，常有不待分占而卦中先現者，須宜留心。

如子月乙亥日，占妻孕平安。得豐之小過——

〃	戌土	官鬼		
〃	申金	父母	世	
、	午火	妻財		
、	亥水	兄弟		
〃	丑土	官鬼	應	
○	卯木	子孫		辰土 官鬼

斷曰：午火妻財臨月破，又被亥日剋之，冬天之火休囚被剋，全無生扶，命之難保。彼曰：卯木子孫，動而生火，何謂『全無生扶』？予曰：卯木子孫動而變鬼，神曰『母子皆喪』，非生火之卯木也，斷卦者須宜知機，會神之意。彼又曰：財雖不旺，卯木子孫得子月、亥日以生之，何謂『子亦不保』？

⑯『臨盆』，婦女臨產。——鼎升註

予曰：變鬼之子孫，總⑥⑦臨日月，亦無益矣。

卦得六沖，子旺財强終是喜；爻逢六合，財空子破亦爲憂。

産期章第八十九

産期有遠近之分，遠則應月，近則應日。子孫動者，逢合逢值；靜者，逢值逢沖；空者，沖空實空之日；破者，實破逢合之期；白虎兄弟而動，值日而生；子孫臨絕，待生旺之日；又有子孫遇長生胎養之日；伏藏者，出現之日而生也。

嬰童否泰⑥⑧章第九十

《身命、子孫章》中同斷。

⑥⑦『總』，敦化堂本作『縱』。——鼎升註

⑥⑧『否泰』，《易》的兩個卦名，『天地否』與『地天泰』。天地交、萬物通謂之『泰』；不交閉塞謂之『否』。後常以指世事的盛衰、命運的順逆。『否』，音pǐ【痞】。——鼎升註

出行章第九十一

人爲利名，奔馳道路；風波不測，占卜當先。世爻旺相宜行，應若空亡宜止。

世爲出行人。生旺有氣則吉；動而化吉，及化子孫者更吉。如若休囚空破，動而化凶者，不宜行也。

應爲地頭，又爲傍倚[69]人。他若空破墓絕，或動而變鬼變絕、化回頭剋者，去之無益。

世傷應位，不拘遠近相宜；應剋世爻，公私皆主不利。

我去剋他，所向通達；應來刑沖剋世，不可行之。

八純亂動，在處皆凶；兩間齊空，獨行則吉。

六沖卦，及動而變沖、世爻休囚被剋者，終去不成，有始無終。去亦諸般不就。

兩間爻者，乃同行附載之人。動而剋世，必遭其害；動臨兄爻，破我之財。生合我者爲吉。倘兩間齊空，若非中途梗阻[70]，定然無伴孤行。

靜遇日沖必去，動逢合住而留。

世爻暗動者必去；世爻旺靜，逢沖之日必去。世爻動而化合，或被日月動爻合者，必有事故，阻滯不行。

---

[69]『傍倚』，扶持，照顧；依附，投靠。——鼎升註

[70]『梗阻』，阻塞。——鼎升註

覺子曰：予嘗得驗，亦有應在沖開之日而行。

官鬼交重災禍重。

武鬼動，憂盜賊；雀鬼發，防訟非；虎鬼疾病綿纏；蛇鬼風波驚險；勾陳鬼動，事有勾連；鬼動逢龍，戒於嫖賭。鬼發震乾，車馬患；鬼發兌坎，慮風波；坤艮之鬼，山間嶺野逢殃；巽離之官，火廠林窰被難。餘在《趨避章》中詳之。

福神發動患殃消。

出行得遇子孫發動、子孫持世、世化子孫，程途萬里，百禍潛消。子孫剋世者亦吉。

父尅世爻，風雨舟車行李。

父母持世而動，或被父動沖尅世爻，予得驗者，有應舟車行李之累，有應風雨淋漓。世爻旺者無妨，最怕休囚而化凶也。

兄沖世位，花月⑴破耗災非。

財爻持世，兄爻沖尅者，有應花朝月夕⑵，無端浪費；有應小輩明欺暗騙，致成災非，破耗百出。

反⑶吟化退中途返，六沖隨墓始終凶。

卦得伏吟，世動者，沖開之日月必行；卦得反吟，去到中途亦返。世逢沖尅大凶。六沖卦，世靜世

⑴『花月』，花和月。泛指美好的景色、美好的時光。——鼎升註

⑵『花朝月夕』，有鮮花的早晨，有明月的夜晚。指美好的時光和景物。舊時也特指農曆二月十五和八月十五。——鼎升註

⑶『反』，原本與敦化堂本俱作『返』，顯誤，據李紱抄本與文意改。——鼎升註

空必不能行。隨鬼入墓，世若休囚，不返之兆。

六合化沖不吉，六沖化合方亨。

六合卦變六沖，及卦變尅絕者，坐家亦恐凶危。

舟行章第九十二

登舟問何日而到？世爻發動，合日值日而到；若得子持世，及子孫他爻發動者，值日而到。世化退及反⑭吟卦，中途而返。

問舟行平安否？子孫持世尅世，生世合世，一路平安；官鬼持世，憂鬱驚恐；官鬼沖尅世爻，災非必見；兄動破財。

風阻者，勿以兄弟爲風雲，乃以子孫爲順風。動而逢合逢值，靜而逢沖之日，空逢沖實之日，與《天時章》陰晴同斷。

---

⑭『反』，原本與敦化堂本俱作『返』，顯誤，據李紱抄本與文意改。——鼎升註

同舟共行章第九十三

同行共處應爲尊，同路同舟一樣論。應傷世位遭他害，墓絕空破負吾恩。只宜生合相扶助，永賴維持如至親。三合同途皆遂意，六沖半路便灰心。起居爲害搖兄鬼，水陸清平⑮動子孫。

占他人以應爲用，占親戚必看用神。不宜兄鬼動而尅世，最宜相合相生。

行人章第九十四

問行人之歸期，有遠有近，遠則應月，近則應日。亦有去久，若在目下當歸，又可以日斷之。

問行人之否泰，另占一卦，不可一卦而兼斷也。

世尅用兮人未動，用爻尅世必然歸。

占親人，在《用神章》中詳之；疏者，以應爻爲用神。世尅用神，且無歸志；用神尅世，指日回家。予試果驗。

墓絕空破，歸信杳然⑯，明搖暗動，歸鞭發矣。伏藏者出現之日，動而逢合之日。動化進神不返，用神化退必歸。動逢合有事阻隔，動化鬼在外危災。最怕動而化尅，還防卦變反吟。

---

⑮『清平』，太平。——鼎升註

⑯『杳然』，形容看不到，聽不見，無影無踪。——鼎升註

世爻空者，行人即至；用神靜，逢休囚空破者，且不思歸。動空旺空者，實空沖空之月日必回。惟恐卦變剋絕及反⑰吟卦、用神被沖被剋者，皆難望其歸也。

用神三合，沖開之月日而來；卦逢六沖，行人無定而不返。用爻靜者，沖動之日；用爻墓者，開墓之日。

用爻無病，可斷歸期；用爻有病，在外不安。

野鶴曰：用神墓絕空破受傷，謂之「有病」。來人問行人在外平安否，須看有病無病；若問歸期，只可看卦象來與不來而斷也。

如酉月戊申日，占母在外何時來？得旅之艮——

		丶	巳火	兄弟	
		〻	未土	子孫	
	應	○	酉金	妻財	戌土 子孫
		丶	申金	妻財	
伏		〻	午火	兄弟	
卯木 父母	世	〻	辰土	子孫	

⑰「反」，原本作「返」，顯誤，據敦化堂本與李紱抄本改。——鼎升註

此卦若問父母平安否，父母卯木，日月動爻沖剋，必不安矣；今問其來否，不以此斷，只可斷用神伏藏受剋而不來，六合變沖亦不來。後果不來，在外平安。

又如亥月甲子日，占僕人何日回？得革之夬——

六親	納甲	爻	世應	伏神	變爻
官鬼	未土	〃			
父母	酉金	、			
兄弟	亥水	、	世	伏	
兄弟	亥水	、		午火 妻財	
官鬼	丑土	ㄨ			寅木 子孫
子孫	卯木	、	應		

此卦若問僕人在外之吉凶者，必不歸矣。何也？午火財爻，伏而被日月之剋。今問何日可到，不以此斷，世空者速至，此人來矣，己巳日必到。應巳日者，沖空之日也，巳火又是財爻。果於巳日到。

未月戊戌日，占伯何日來？得屯之隨卦——

	〃	子水	兄弟	
應	、	戌土	官鬼	
	ㄨ	申金	父母	亥水 兄弟
	〃	辰土	官鬼	
世	〃	寅木	子孫	
	、	子水	兄弟	

父母爲用神，尅世者速至，七月必到。後於亥月方到。應亥月者，父母化出之爻也。

又如丑月庚午日，占父遠去何日回？得履卦——

	、	戌土	兄弟
世	、	申金	子孫
	、	午火	父母
	〃	丑土	兄弟
應	、	卯木	官鬼
	、	巳火	父母

斷曰：今日乃是午日，午火爲父母尅世，今日必到。果於本日申時到。

寅月癸亥日，占主人何日回？父母爲用神。

應			世		
丶	ㄨ	〃	丶	丶	丶
寅木	子水	戌土	辰土	寅木	子水
官鬼	妻財	兄弟	兄弟	官鬼	妻財
	巳火				
	父母				

斷曰：子水財爻化出巳火父，動爻不剋變爻，巳日必到。果於巳日到。

又如未月丁丑日，占父何月來？得大有之井——

應			世		
○	ㄨ	○	丶	丶	○
巳火	未土	酉金	辰土	寅木	子水
官鬼	父母	兄弟	父母	妻財	子孫
子水	戌土	申金			丑土
子孫	父母	兄弟			父母

辰年占父何時來。斷曰：初爻丑土父，與子作合不來；五爻未土父化進神，不來。彼曰：終須來否？予曰：午年必來。果於午年戌月到。應午年者，未爻父動，午歲合之，動而逢合之年也；又因初爻子與丑合，合要沖開，午年以沖開也。

又如寅月庚寅日，占主人往楚⑱平安否？還往他省否？

		世			應
丶	丶	〃	〃	〃	〃
卯木	巳火	未土	卯木	巳火	未土
妻財	官鬼	父母	妻財	官鬼	父母

父母遇真空，不祥之兆，不敢斷之。再請親人卜之。

仝⑲日，弟占兄。得中孚之臨——

		世			應
○	○	〃	〃	丶	丶
卯木	巳火	未土	丑土	卯木	巳火
官鬼	父母	兄弟	兄弟	官鬼	父母
酉金	亥水				
子孫	妻財				

前卦家人占主，父母爲用神，父母真空；此卦兄弟爲用神，又落真空，大凶之兆。再命親人占之。

⑱『楚』，指湖北和湖南。特指湖北。——鼎升註

⑲『仝』，音tóng【童】。通『同』。——鼎升註

次日辛卯，家人又占。得坎之困——

世	〃	子水	兄弟	
	、	戌土	官鬼	
	✕	申金	父母	亥水 兄弟
應	〃	午火	妻財	
	、	辰土	官鬼	
	〃	寅木	子孫	

斷曰：得此卦者，我爲爾以放心矣。彼曰：何也？予曰：前兩卦用神落真空，乃凶亡之兆；今見此卦中金父母生世，四月必歸。彼曰：前二卦父、兄落真空，不作准耶？予曰：何得不准？只因此公大壽無多耳，神報未年之死，不言目下之事。彼曰：何以知其未年？予曰：占主者，父臨未土，占兄者，兄臨未土，俱被日、月尅害，因在旬空，所以無禍，未年出空，被日月之傷，得不危乎？辰年占卦，果死於未年。

野鶴曰：連占兩卦，俱報未問之事，第三卦中始報目前之事也。笑前賢以一卦竟斷吉凶，不知將此占遠應近、占近應遠之卦錯斷千千萬萬矣。既不能悟出，尚牽强辨論，留作後人之法。[80]

[80] 敦化堂本後有『亦甚謬矣』四字。——鼎升註

亥月甲子日，占夫在外，還往他省去否？得大壯之大過——

	〃	戌土	兄弟		
	ㄨ	申金	子孫	酉金	子孫
世	丶	午火	父母		
	丶	辰土	兄弟		
	丶	寅木	官鬼		
應	○	子水	妻財	丑土	兄弟

斷曰：妻占夫，官爲用神，申動剋之，寅木夫爻受剋，不往他處去矣，不日必回。彼曰：何以知其回也？予曰：日、月生夫，夫生世爻，必有歸志。問曰：何日可到？予曰：巳日必[81]到。應巳日者，合住申金之日也。果於巳日到。或曰：『用爻有病，莫問歸期』，此卦申金化進神以剋寅木，如何許回？予曰：彼問夫之平安，即以不利斷之，今問往他處去否，夫爻受制，不往他鄉，斷卦者各有取用耳。

---

[81]『必』，敦化堂本作『可』。——鼎升註

辰月丙申日，占差家人取書得否？何日來？

應	丶	卯木	官鬼		
	○	巳火	父母	子水	妻財
	〃	未土	兄弟		
世	○	申金	子孫	卯木	官鬼
	〃	午火	父母		
	〃	辰土	兄弟		

斷曰：書子㉜不得，僕人今日酉時必到。問曰：何以知之？予曰：巳火父化回頭剋，不得書矣；申金子孫持世化卯木鬼，人不到，必有憂，今日酉時沖去卯木，則無憂也。果於酉時到，不得書。

㉜『書子』，信函。——鼎升註

酉月癸酉日，卜兄何日回？得師之臨——

應	〃	酉金	父母	
	〃	亥水	兄弟	
	〃	丑土	官鬼	
世	〃	午火	妻財	
	丶	辰土	官鬼	
	ㄨ	寅木	子孫	巳火 妻財

斷曰：亥水兄爻旺相而空，出空之日必到。彼曰：後日即是亥日。日前有信至，約在今日起身，二千餘里，三日如何得到？予曰：不獨亥日出空，凡卦中子孫持世，及動而生合世爻，皆是喜悅之神。許亥日而歸者，寅與亥合，又是合起子孫之日也，管許歸於亥日。豈知水路而來，湊得順風，日夜行舟，亥日果到。

覺子曰：泛常占風，兄動爲風，木動生風，惟行舟而占風者，以子孫而爲風也。其故何也？行舟不得順風，我心憂也，子孫發動之日，乃得順風之日也，舟行得風，我無憂矣！此亦千古之未傳也。

予於戌月丙戌日，由江右[83]登舟，占一路平安否？得蠱之巽——

應			世		
丶	ㄨ	〃	丶	丶	〃
寅木	子水	戌土	酉金	亥水	丑土
兄弟	父母	妻財	官鬼	父母	妻財
	巳火				
	子孫				

予疑酉金鬼爻持世，一路憂疑之象，初不知風阻之說也。及至戊子日，風雨大作，舟泊南康[84]，始悟此卦子水父動，子日之風雨也，見其化出巳火子孫，即知巳日方晴。果灣[85]五日，巳日天開[86]得順風矣。自此始悟子孫乃行舟之順風也。

---

[83]『江右』，即江西省。亦有稱長江下游以西之地為江右。——鼎升註

[84]『南康』，治所在今江西省星子縣。——鼎升註

[85]『灣』，停泊。——鼎升註

[86]『開』，敦化堂本作『晴』。——鼎升註

又於辰月甲戌日，行舟，占順風。得升之恒——

	〃	酉金	官鬼	
	〃	亥水	父母	
世	ㄨ	丑土	妻財	午火子孫
	丶	酉金	官鬼	
	丶	亥水	父母	
應	〃	丑土	妻財	

午火子孫回頭生世，今日午時必得順風。但嫌今日戌日，午火子孫入墓之日，風必不久。果於午時子孫當令，順風開舟，至未時而風止矣。

乙亥日，命船家占風。得豐之大壯——

	〃	戌土	官鬼	
世	〃	申金	父母	
	丶	午火	妻財	
	丶	亥水	兄弟	
應	ㄨ	丑土	官鬼	寅木子孫
	丶	卯木	子孫	

斷曰：變爻寅木子孫，尅制丑土之鬼，必到寅日而得順風。果然灣船三日，至戊寅日寅時，順風而開舟矣。

又如亥月癸亥日，占風。得未濟之艮——

應	丶	巳火 兄弟		
	〃	未土 子孫		
	○	酉金 妻財	戌土	子孫
世	ㄨ	午火 兄弟	申金	妻財
	○	辰土 子孫	午火	兄弟
	〃	寅木 父母		

一位老先生，揚州[87]人也，由淮[88]回揚[89]，予附載之。登舟，彼即占風。予曰：明日辰時得順風，戌時即到府上[90]。彼曰：何其速也？予曰：二爻辰土子孫，乃得順風之喜悅也；第四爻戌土子孫，回家之喜也。果於次日辰時起風，順行三百餘里，戌時抵家。

---

[87]『揚州』，今江蘇省揚州市。——鼎升註

[88]『淮』，今江蘇省淮安市。——鼎升註

[89]『揚』，今江蘇省揚州市。——鼎升註

[90]『府上』，敬辭，稱對方的家或老家。——鼎升註

戊月戊子日，舟中占風。得坤之震——

世	〃	酉金	子孫		
	〃	亥水	妻財		
	ㄨ	丑土	兄弟	午火	父母
應	〃	卯木	官鬼		
	〃	巳火	父母		
	ㄨ	未土	兄弟	子水	妻財

酉金子孫持世，必應靜而逢沖之日，必於卯日得風。

己丑日，又占。得夬卦——

	〃	未土	兄弟
世	丶	酉金	子孫
	丶	亥水	妻財
	丶	辰土	兄弟
應	丶	寅木	官鬼
	丶	子水	妻財

又是酉金子孫持世，果於卯日順風。

壬辰日，占風。得大畜之泰——

　應　　　　世
○　〃　〃　丶　丶　丶
寅木　子水　戌土　辰土　寅木　子水
官鬼　妻財　兄弟　兄弟　官鬼　妻財
酉金
子孫

上爻寅木鬼，化出酉金子孫，明日酉時有風。

癸巳日，又占風。得姤之小畜——

　　　應　　　　世
丶　丶　○　丶　丶　ㄨ
戌土　申金　午火　酉金　亥水　丑土
父母　兄弟　官鬼　兄弟　子孫　父母
　　　未土　　　　子水
　　　父母　　　　子孫

或曰：昨日說在今日酉時，卦中如何不現？予曰：我心已知，神不報矣！今日酉時亦有風，必不大，神報明日之大風也。子水子孫與世爻相合，若逢合住，須沖破以成功，明日午日沖開，必有順風。果於次日舟行三百里。

增刪卜易卷十終

增刪卜易・卷十一

野鶴老人著
楚江李坦我平鑒定
湖南李文輝覺子增刪
山西李凡丁鼎升校註
婿陳文吉茂生
男茹芝山秀
仝訂

防非避訟章第九十五

憂慮官司，却喜官居空破；最宜子動，子若持世，無非。鬼雀同興，口舌不免；蛇鬼尅①世，災患相侵；元武鬼，必因盜賊陰人；白虎鬼，定有傷痕見血。世動尅應，我興詞；應尅世爻，他有訟。子孫動、子孫持世，必不成非；鬼持世、鬼尅世、應動尅世，定然成訟。

① 『尅』，敦化堂本作『持』。——鼎升註

鬥毆爭競章第九十六

彼此相爭尋世應，不宜沖尅喜相生。日月尅身，我必受辱；動爻尅應，他必遭刑。應尅世者他勝，世尅應者我贏。世空世破、世動化退，我心怯焉；應動應旺、應化進神，他得勢耳。卦遇六沖必散，卦逢六合必成。

亦不離乎子孫爻。子孫發動、子孫持世，爭鬥不成。日月動爻宜於尅應，不宜尅世。世宜旺動尅應，及動而化吉，官事必贏。

興詞舉訟章第九十七

官父同興，公庭②有理；父官尅世，受屈含冤。

世化退神、世空世破、卦變六沖、世被刑沖，終不成訟；財與子孫發動，尅破文書官鬼，亦不成之。

已定重罪章第九十八

福宜旺相，最忌官興。

---

②『公庭』，公堂，法庭。——鼎升註

子孫持世、子孫發動，已赴法場③，終須④赦免。

官鬼尅世或官鬼持世，又被日月動爻沖尅，或世動化凶，雖定輕罪，防改重刑。

疾病章第九十九

野鶴曰：人有七情⑤，致生百病⑥，急於問卜，以慰其心。奈何卜筮諸書舛錯⑦悖謬⑧，令人反無定見。既取用神，又用卦身世身，兼用本命。又有不看身命用神，單看卦驗：卦得明夷、臨、觀、賁、

③『法場』，執行死刑的地方；刑場。——鼎升註

④『須』，敦化堂本作『必』。——鼎升註

⑤『七情』，人的七種感情：喜、怒、哀、懼、愛、惡、欲。——鼎升註

⑥『百病』，各種疾病。——鼎升註

⑦『舛錯』，差錯。『舛』，音chuǎn【喘】。——鼎升註

⑧『悖謬』，音bèimiù【被繆】。荒謬；不合道理。——鼎升註

蠱、夬、豐、同人、大畜、需卦，⑨斷之必死。又云『死氣⑩喪門⑪臨本命，早備衾棺⑫』，又云『蛇動主死，虎動主喪』，以星煞六神而斷生死。獨不思：假使惡煞凶神臨身守命，若得用神、二身旺相，斷之生耶，死耶？予試多年，或生或死，全憑用神，餘皆不驗。內有不看用神而斷生死者，卦變與六沖是也。

六沖變沖，久病難於調治。

久病者，卦逢六沖、卦變六沖，不論用神之衰旺，乃不治之疾也；近病逢之，不藥而愈。

卦變絕剋，新病亦主危亡。

卦變者，亦六沖而變六沖，何其近病亦危？乃因化回頭之剋也。如巽木變乾金、艮坤化震巽，皆謂之『回頭相剋』，雖非墓絕，亦主危亡。若化比和、化剋去、及化回頭相生，近病吉，久病凶，六沖之故耳。

---

⑨『卦得明彝、臨、觀、賁、蠱、夬、豐、同人、大畜、需卦』，原本與敦化堂本、李紱抄本俱作『卦得明彝、大觀、賁、蠱、夬、豐、同人、大畜、需卦』，顯誤，據《易冒・疾病章》改。《易冒・疾病章》謂『十卦，明彝、觀、賁、大畜、豐、同人、蠱、夬、需、臨是也』。——鼎升註

⑩『死氣』，《卜筮全書・天玄賦・盜賊章》謂『死氣者，正月起午上順行，不問是何物，遇之皆不吉』。——鼎升註

⑪『喪門』，歲之凶神，居歲前二辰。如子年在寅、丑年在卯、寅年在辰。《協紀辨方書・義例・喪門》：『喪門者，歲之凶神也。主死喪、哭泣之事。常居歲前二辰。所理之地，不可興舉，犯之者主盜賊、遺亡、死喪之事。』又《卜筮全書・闡奧歌章・住居宅第章》謂『喪門殺例：正月未，二月辰，三月丑，四月戌。只此四位，輪十二月。若遇此殺在內三爻，更發動，主其家必有暴病死也』。——鼎升註

⑫『衾棺』，屍體入殮時蓋屍的東西和裝殮屍體的棺材。——鼎升註

除此沖尅之外，必看用神。

用遇旬空，近病何須憂慮？用逢月破，久病難許安寧。

自占病，世爲用神；占父母弟兄取用神者，皆在《用神章》內詳之。用神動靜而值旬空及化空者，若無日月動爻沖尅，許之沖空實空之日即愈；倘逢沖尅，病雖重而不死。若值月破，須看用神之旺衰：旺則愈於實破之日及出月而愈；衰而受尅者，必危。久病，用神值旬空月破者，即使用神旺相，亦無法以治之。

野鶴曰：《海底眼》、《黃金策》皆云『主空無救，中道而殂⑬』，不分近病久病，非經驗也。

覺子曰：予得驗者，近病值旬空，若逢三合六合者，必成久病而終。

用化鬼、鬼化用神，防不測；忌化用、用神化忌，最難醫。

自占病，不宜世爻變鬼，及化回頭尅；占兄弟妻子，皆不宜鬼變弟兄妻子，及弟兄妻子而變鬼；又不宜兄變財、財化兄，父化子、子化父。

野鶴曰：鬼乃父母之元神，父動化鬼乃爲化生，輕病者即愈；久病者，鬼化父、父化鬼，皆主危亡。或曰：用神化鬼即爲凶兆，假使又值旬空，近病者何以斷之？予曰：曾有占驗，請試詳之。

---

⑬《卜筮全書・黃金策・病體》原文作：『主空無救，須防中道而殂。』『中道』，半途；中途。『殂』，音cú【徂】。死亡。——鼎升註

申月庚寅日，占子近病。恒之解——

世應	爻	地支	六親	變
應	〃	戌土	妻財	
	〃	申金	官鬼	
	丶	午火	子孫	
世	○	酉金	官鬼	午火 子孫
	丶	亥水	父母	
	〃	丑土	妻財	

斷曰：鬼變子孫，夭折⑭之兆。幸得子孫值旬空，近病即愈，恐其難過午年。果在出空之日而愈。辰年占卦，後至午年，出花⑮而死。

動墓絕、化墓絕，須憑生旺；日月尅、動爻尅，最怕休囚。

用神逢墓絕，及動而化墓化絕，全看旺衰：用神旺者何慮？用神衰者堪憂。日月動爻尅者，亦看旺衰：旺者，沖去尅神之日而愈；衰者，生助尅神之日而危。

散破無援脫氣，忌搖元動仇興。

用神臨散遇破，及全無生扶或脫氣，此四者若無根蒂，少吉多凶。

---

⑭『夭折』，未成年而死。亦稱『夭亡』。——鼎升註

⑮『花』，急性傳染病名。俗稱天花，亦稱痘瘡或天瘡。症狀是先發高熱，全身出紅色的丘疹，變成皰疹，最後變成膿皰，中心凹陷，十天左右結痂，痂脫落後的疤痕就是麻子。種牛痘可以預防。——鼎升註

忌神動尅用神，若有元神發動，許之有救；只恐仇神⑯又動，當許凶危：須於《元神章》內詳之。

世持鬼爻，病總⑰輕而難療。

此有兩說。自占病，官鬼持世，其病難痊，雖得子動尅去身邊之鬼，目下雖愈，終不斷根，不然遲遲又生他病，此之謂『病不離身，身不離藥』；世臨官鬼以臨帝旺長生，必得久遠殘疾。

代占六親之病，若見官鬼持世，乃憂抑之狀，惟喜子孫發動，尅去我之憂疑，即使用神衰弱，管許平安。

如申月壬子日，占子病。得遯卦——

	丶	戌土	父母
應	丶	申金	兄弟
	丶	午火	官鬼
	丶	申金	兄弟
世	〃	午火	官鬼
	〃	辰土	父母

斷曰：令郎⑱今日即愈。何以知之？予曰：官鬼持世，爾之憂也，今日子日，沖去憂心，管許立愈。

果於本日愈。

覺子曰：如占自身及兄弟妻兒者，此法是也；倘占父母之災，官鬼爲父母之元神，豈宜子動而傷耶？妻占夫病，官鬼爲用神，又豈子動以傷官耶？不惟不能解憂，反添憂耶。

---

⑯『仇神』，原本與敦化堂本俱作『忌神』，當誤，據李紱抄本與文意改。——鼎升註

⑰『總』，敦化堂本作『縱』。——鼎升註

⑱『令郎』，稱對方兒子的敬詞。——鼎升註

身臨福德，勢雖險以堪醫。

亦有兩說。自占病，子孫持世，不藥而痊。臨空破者，實空實破之日而愈。代占六親之病，不必看用神之衰旺，即知其安。何也？子孫乃喜悅之神，只要旺相。若動於卦中者，亦爲吉慶。

如寅月乙卯日，占妻病。得屯之節——

	〃	子水	兄弟	
應	、	戌土	官鬼	
	〃	申金	父母	
	〃	辰土	官鬼	
世	ㄨ	寅木	子孫	卯木 子孫
	、	子水	兄弟	

斷曰：尊正⑲未日即愈。彼曰：妻財不上卦，何得即愈？予曰：子孫化子孫，乃喜悅之神，嫌其太旺，許未日愈者，木墓於未，未日而喜悅也。尊正若不全安，何喜之有？果於午日退災，未日大愈。

覺子曰：占父母病，子孫持世而動者，尅去父母之元神；妻占夫病，子動傷夫。皆非喜悅之神也，須宜通變可也。

⑲『尊正』，對別人妻子的敬稱。——鼎升註

鬼化長生忌化進，須慮添災。

鬼爻發動，病勢必重；若長生於日辰，或動化長生，病勢必增。尅用神者爲忌神，若動化進神，亦同此意。忌神化退，其病漸減。

覺子曰：鬼乃父母之元神，占父母者，其病即愈；鬼乃女人占夫之用神，占夫者，亦主即愈。

福搖化尅卦反吟，病必反復。

自占病及占兄弟病，得子孫動者，制服官鬼，其病即愈。倘子孫動而化尅，即使病愈，愈後還發，反覆之象。卦得反吟者，亦同此意。

用絕逢生，危而有救；主衰得助，重亦何妨？

用爻受刑沖尅制，但得日月動爻有一而生扶者，乃爲絕處逢生，臨危有救。用神不宜太弱，弱則體虛，卒難痊可⑳，但得生扶拱合，雖得重病，亦不至死。覺子曰：用神亦不宜於太旺，易理貴乎中庸㉑，過猶不及。

---

⑳『卒難痊可』，最後難以痊愈。——鼎升註

㉑『中庸』，不偏謂之『中』，不變謂之『庸』。指待人接物不偏不倚，調和折中。——鼎升註

即如巳月戊午日，自占病。得未濟之睽——

應　　　　世
、　〃　、　〃　、　乂
巳火　未土　酉金　午火　辰土　寅木
兄弟　子孫　妻財　兄弟　子孫　父母
　　　　　　　　　　　　　　巳火
　　　　　　　　　　　　　　兄弟

此公壽逾八旬，占病得此，予未敢言。彼親彭生滿口贊好：世臨日辰，當權得令，又有寅木生之，不藥而愈。諸公見予沉吟，促問之急。予曰：過十八壬戌日，則不礙矣。果卒於壬戌日寅時。彭生問曰：卦之旺極，何故斷其戌日之危？予曰：正爲不宜旺極耳！器滿則傾，理之常也。衰極老人而得全盛之卦，日將墜而現霞，燈將燼而放亮，豈能久乎？斷壬戌日者，旺火而入墓也；今死寅時者，逢三合也。

用臨日月休尋伏。

卦無用神，得日月作用神者，不必尋伏神，許之即愈。

伏神衰弱再宜占。

凡用神不現，再占一卦，前卷《伏神章》中註解明白，宜細味之。

覺子曰：野鶴與予之占驗極多，不能盡刻，聊存數卦以爲後賢之法。

如申月癸亥日，占友痔病㉒。得未濟——

應			世		
丶	〃	丶	〃	丶	〃
巳火	未土	酉金	午火	辰土	寅木
兄弟	子孫	妻財	兄弟	子孫	父母

應爲用神，申月刑之，亥日沖之，固知亥月不利。予未敢斷，令伊親人再占。

㉒『痔病』，通稱痔瘡，肛門或直腸末端的靜脉由於鬱血擴張而形成的突起的小結節，症狀爲發癢，灼熱，疼痛，大便帶血等。『痔』，原本與敦化堂本俱作『痣』，當誤，據李紱抄本改。——鼎升註

仝㉓日，子占父病。得夬卦——

⚋	未土	兄弟		
⚊	酉金	子孫	世	
⚊	亥水	妻財		
⚊	辰土	兄弟		
⚊	寅木	官鬼	應	伏 父母 巳火
⚊	子水	妻財		

前卦應爻臨巳火，月刑日尅；此卦又是巳火父母伏於寅木之下，破木不生無焰之火。許之十月必危。果卒於亥月，以亥水沖破無焰㉔之巳火也。

㉓『仝』，音tóng【童】。通『同』。——鼎升註

㉔『焰』，原本與敦化堂本俱作『烟』，當誤，據李紱抄本與文意改。——鼎升註

又如申月丙子日，自因久病，占此藥能去病否？得升之漸——

			世		應
ㄨ	ㄨ	〃	丶	○	〃
酉金	亥水	丑土	酉金	亥水	丑土
官鬼	父母	妻財	官鬼	父母	妻財
卯木	巳火			午火	
兄弟	子孫			子孫	

斷曰：巳、午火爲子孫，乃變爻也，變爻不能生正卦之世爻，無藥可醫。況嫌外卦反吟，病多反復。再命親人占之。

仝日，子占父。得益之漸——

應			世		
丶	丶	〃	ㄨ	〃	○
卯木	巳火	未土	辰土	寅木	子水
兄弟	子孫	妻財	妻財	兄弟	父母
			申金		辰土
			官鬼		妻財

前卦日辰合世，此卦父值日辰，目下自是無礙。但不宜土動傷水，又是風雷合卦，震爲棺，巽爲槨㉕，棺槨俱全。然不敢定年月。再命親人占之。

仝日，女占父病。得大壯——

		世			應
〃	〃	、	、	、	、
戌土	申金	午火	辰土	寅木	子水
兄弟	子孫	父母	兄弟	官鬼	妻財

斷曰：冬令㉖防之。前卦占藥，巳、午子孫爲藥，至冬天水旺之時，無藥可醫；第二卦子水化辰土回頭之尅，子月逢之而無救也；後卦午火父母，子月沖尅。果卒於冬至子月。

㉕『槨』，音guǒ【果】。古代棺木有兩重，外爲槨，內爲棺。——鼎升註

㉖『冬令』，冬季。——鼎升註

丑月辛卯日，占子痘㉗。大壯之乾——

世　　　　　　　　應
ㄨ　ㄨ　、　、　、　、
戌土　申金　午火　辰土　寅木　子水
兄弟　子孫　父母　兄弟　官鬼　妻財
戌土　申金
兄弟　子孫

斷曰：卦得六沖變六沖，花未發而先謝，又是伏吟卦，皆不爲吉。子孫雖遇生扶，難保其吉。命再占之。

又得艮之升——

世　　　　　　　　應
○　、、　、、　、　ㄨ　、、
寅木　子水　戌土　申金　午火　辰土
官鬼　妻財　兄弟　子孫　父母　兄弟
酉金　　　　　　　　亥水
子孫　　　　　　　　妻財

㉗『痘』，急性傳染病名。俗稱天花，亦稱痘瘡或天瘡。症狀是先發高熱，全身出紅色的丘疹，變成疱疹，最後變成膿疱，中心凹陷，十天左右結痂，痂脫落後的疤痕就是麻子。種牛痘可以預防。——鼎升註

午火父動尅子，雖有制服，不宜鬼變子孫，許寅日防之。果卒於寅日。夫應寅日者，午火父爻長生於寅，又應前卦申金子孫化伏吟，寅日而沖申也。

又如戌月庚辰日，占父近病。得離卦——

世	、	巳火	兄弟
	〃	未土	子孫
	、	酉金	妻財
應	、	亥水	官鬼
	〃	丑土	子孫
	、	卯木	父母

予曰：近病逢沖即愈。問曰：何日可愈？命再占之。

又得大過之困——

	〃	未土	妻財	
	、	酉金	官鬼	
世	、	亥水	父母	
	○	酉金	官鬼	午火 子孫
	、	亥水	父母	
應	〃	丑土	妻財	

斷曰：乙酉日全愈。酉金官鬼逢空，出空之日而生亥水。果於甲申日起床，乙酉日大愈。

野鶴曰：以上數卦，教人多占之法也，以數卦合而詳之，吉凶之日月可知矣。

丑月丙戌日，自占近病。得比之革——

應	〃	子水	妻財		
	丶	戌土	兄弟		
	ㄨ	申金	子孫	亥水	妻財
世	ㄨ	卯木	官鬼	亥水	妻財
	〃	巳火	父母		
	ㄨ	未土	兄弟	卯木	官鬼

官鬼持世，申金發動尅去身邊之鬼，及世化亥水回頭生，當許其愈。但因世爻隨鬼入空墓，又值三合，恐成久病。命親人再占。

仝日，妻占夫。得中孚之兌——

世　　　　　　　　應
○　丶　ㄨ　〃　丶　丶
卯木　巳火　未土　丑土　卯木　巳火
官鬼　父母　兄弟　兄弟　官鬼　父母
未土　　　　亥水
兄弟　　　　妻財

卯木官鬼爲用，化未土空亡，近病化空即愈。但不宜前後兩卦俱值三合，恐成久病而終。彼曰：防在何時？予曰：未墓空而且破，若占防憂防患者，破羅破網㉘，容易而脫；今占病者，值三合而難痊，明年未月，猶恐填實其墓。果卒於次年未月。存此爲後賢之法者，何也？要知近病逢空化空即愈，若值三合者，必成久病而終。

㉘『破羅破網』，『羅網』，捕捉鳥獸的器具。也比喻法網。『破羅破網』指不受羅網的約束。——鼎升註

又如寅月乙酉日，占外甥久病。得坤之乾——

世	✕	酉金	子孫	戌土	兄弟
	✕	亥水	妻財	申金	子孫
	✕	丑土	兄弟	午火	父母
應	✕	卯木	官鬼	辰土	兄弟
	✕	巳火	父母	寅木	官鬼
	✕	未土	兄弟	子水	妻財

久病逢沖必死，況得六沖化六沖？三月必危。果卒於三月。應三月者，酉金子孫爲用神，動而逢合之月也；又是沖去戌土，酉金而無生也。

存此課而爲法者，久病逢沖，用神雖臨日建，又有戌土生之，亦不活也。

又如子月丙寅日，自占瘟病㉙。得節之中孚——

　　應　　　世
ㄨ　丶　〃　〃　丶　丶
子水　戌土　申金　丑土　卯木　巳火
兄弟　官鬼　父母　官鬼　子孫　妻財
卯木
子孫

斷曰：子水尅世，月建尅世，大凶之兆。幸有寅日相生。若肯避瘟於南方，夜卧南床，使火旺而水枯，可保無虞。果依此行。亥日病勢危急，得遇良醫，寅日而愈。彼時瘟疫流行，家家傳染，一人同日亦得此卦，予亦傳此法以避之。因此人病重，又信傍言病人不可移床，未肯遷移，卒於亥日。

野鶴曰：留此以爲法者，使其知趨避之法也。

㉙『瘟病』，人或牲畜家禽所生的急性傳染病。——鼎升註

又如丑月乙未日，占子發熱，是花痘否？得兌卦——

世	〃	未土	父母
	、	酉金	兄弟
	、	亥水	子孫
應	〃	丑土	父母
	、	卯木	妻財
	、	巳火	官鬼

予曰：法以『官鬼旺者是花痘』也，予試不驗，乃揣摹㉚之說。只看子孫之旺衰，子孫旺者，是花何礙？此卦日、月、世爻尅子孫，卦得六沖，花未開而先謝，不祥之兆。明早潔誠再占。

丙申日又占。得大過之渙——

	ㄨ	未土	妻財	卯木	兄弟
	、	酉金	官鬼		
世	○	亥水	父母	未土	妻財
	○	酉金	官鬼	午火	子孫
	、	亥水	父母		
應	〃	丑土	妻財		

斷曰：父爻發動，雖有制服，不宜鬼變子孫，令郎須請明人㉛治之。彼曰：何處醫人爲吉？予曰：古以『子孫爻爲醫人』，今既占子孫，豈又以子孫爻爲醫藥耶？

㉚『揣摹』，同『揣摩』。仔細推想探求。——鼎升註

㉛『明人』，明白人。此處指醫術高明的醫生。——鼎升註

占得地澤臨變地水師——

	〃	酉金	子孫	
應	〃	亥水	妻財	
	〃	丑土	兄弟	
	〃	丑土	兄弟	
世	、	卯木	官鬼	
	○	巳火	父母	寅木 官鬼

斷曰：巳火父動尅子，北方醫人可治。果請北門醫家治之。至庚子日痘變。

又占。得解之歸妹——

	〃	戌土	妻財	
應	〃	申金	官鬼	
	、	午火	子孫	
	〃	午火	子孫	
世	、	辰土	妻財	
	ㄨ	寅木	兄弟	巳火 子孫

斷曰：子日沖動午火子孫，遇寅木而生之，此卦非比前卦，已有生機。彼曰：今日痘變。北門還有一楊姓者，意欲請之，再占一卦何如？予曰：楊字有木，卦中寅木生午火，是此人也，不必再卜。果請此人治之，其花紅艷，後得安然。此乃教人延醫之法也。

痘疹㉜章第一百

平時而問男女何時出花，鬼爻爲用：鬼爻靜者，逢值逢沖；鬼爻動者，逢值逢合；鬼衰，逢生旺之年；鬼旺鬼多，逢墓庫之歲；鬼空鬼破，填實之時；鬼若伏藏，出現之歲。

見花而問吉凶，卦忌六沖，兼忌子孫化鬼及鬼化子孫，父化子、子化父，子孫伏而空破，皆非吉兆。

問花之疏密者，鬼旺而臨日月，及動爻生扶，花必稠密；如值空破休囚墓絕，痘必疏朗。鬼動乾宮，多生頭上；鬼搖坤卦，腹上多叢；艮宮多於手；兌宮多於口；坎離上身；震巽下身。火鬼其色紅紫，金鬼其色虛白，水鬼須防黑陷，木鬼雜細，土爲腫大。

以上四條，分占四卦，不可一卦而斷之。大抵全在子孫爻也：子孫臨日月，及日月動爻相生，動而化吉，不受刑傷沖尅，爻不亂動，花雖密以全生，痘雖陷仍收功也。

㉜『痘疹』，因患天花出現的疱疹。——鼎升註

病源章第一百一

「火屬心經，發熱咽乾口燥；水歸腎部，惡寒㉝盜汗㉞遺精㉟；金肺；木肝；土乃病侵脾胃。衰輕旺重，動則煎迫身軀。」「螣蛇心驚；青龍則酒色㊱過度；勾陳腫脹；朱雀則言語顛狂；虎有損傷，女子則血崩㊲血暈㊳；元武㊴憂鬱，男人則陰症陰虛㊵。」

㉝「惡寒」，中醫稱怕冷的症狀。有外感惡寒和內傷惡寒兩類。「惡」，音wù【務】。——鼎升註

㉞「盜汗」，熟睡中出汗，中醫謂因患者陰虛所致。——鼎升註

㉟「遺精」，未經性交而在無意中流出精液。男子在夜間有時遺精是正常的生理現象，但次數過多的遺精是病理現象，與神經衰弱、生殖系統炎症等疾病有關。——鼎升註

㊱「酒色」，酒和女色。——鼎升註

㊲「血崩」，子宮出血病的一種。多由子宮病變、陰道構造異常或發生癌症等引起，症狀是經期中出血量正常而經期以外常有流血現象。亦稱崩症。——鼎升註

㊳「血暈」，中醫指産後因爲失血過多而头暈甚至昏迷的病症。——鼎升註

㊴「元武」，《卜筮全書·黃金策·疾病》原文作「玄武」。因本書成書於清康熙年間（公元1662年~公元1722年），而清聖祖康熙名玄燁，爲避諱計，其時「玄」字通常以「元、煜」字代。——鼎升註

㊵「陰虛」，指精血或津液不足，或消耗太過的病理現象。精血、津液均屬陰，勞累過度或熱病之後都可使陰液內耗而出現陰虛症狀。特點是津液不足和出現熱象，故又稱「虛火」，多見於慢性病人和陰虛體質者。主要症狀爲低熱，手足心熱、午後潮熱、消瘦、咽乾、尿短赤、大便不暢、舌質紅、脉細數無力等。——鼎升註

野鶴曰：此乃《黃金策》占疾病之首論也，予以爲之撞門槌，對俗人而言，不得不以此而斷㊶之。若知分占之法，另占一卦以定吉凶，庶有後驗。若即以此卦而兼斷其生死者，如若有靈，吾不信也。要知來人而問病，有何所犯？何以治之？及問吉凶何如？我且以發寒發熱而妄猜，猜得着者，哄此一時㊷，而病人不得趨避之指，問卦何益？今見此章，盡㊸是單言病症，並不言及何法治之。如果心經發熱，來人豈不知也？請問治其熱者是何法也？無益之論，故盡刪之。

予常以來人問病，先命占其吉凶：卦得吉者，許之調理㊹即㊺愈，不必服藥求神；卦得凶者，命之延醫。卦得鬼動尅用神者，命之再占鬼神，或占家宅、或占墳塋，務必求其是何所犯、何法治之，庶不負來人之問也。

㊶『斷』，原本與敦化堂本俱作『動』，當誤，據文意改。——鼎升註
㊷『時』，敦化堂本作『二』。——鼎升註
㊸『盡』，敦化堂本作『只』。——鼎升註
㊹『調理』，護理將養。——鼎升註
㊺『即』，敦化堂本作『而』。——鼎升註

鬼神章第一百二

凡占鬼神，卦中鬼值休囚及空破墓絕，皆非鬼神之害也。㊻

官鬼屬金，旺相者，武神及西方之神；休囚者，刀劍㊼身亡之鬼。

鬼臨木者，旺則文神及東方之神，衰則倚草附木之妖，或是刑杖懸梁之鬼。

水爲河海及北方之神，休囚者，池井江湖水死之鬼。

火鬼㊽火神，及雷公㊾、電母㊿、窑竈之神；休囚者，湯火焚燒之魂也。

土鬼土神，及中央之廟，或掌管山川社稷㉛之神；休囚者，墻倒屋塌土死之鬼。

㊻ 李紱抄本前有『覺子曰』三字。——鼎升註

㊼『劍』，敦化堂本作『側』。——鼎升註

㊽『鬼』，敦化堂本作『爲』。——鼎升註

㊾『雷公』，神話中的司雷之神。亦稱雷神、雷師。——鼎升註

㊿『電母』，神話中的司閃電之神。——鼎升註

㉛『社稷』，社指土神，稷指穀神，歷代帝王都祭社稷，因以社稷爲國家政權的標誌。『稷』，音【計】。——鼎升註

古以『金木水火土，各分其神』。即如『金官者』，謂之『天將[52]、關公[53]、金剛[54]、元帥[55]、伍公[56]、岳公[57]等神』，予以爲非。武神者，不可盡數之神也，有敕[58]封者，有未封者，各方土俗不同，書之未載者更多，何得各廟而祭之？須問病人，或於某武神廟中許願信而未還[59]？或於何廟穢污作踐？心有所疑者，指其神而占之：鬼爻或旺或動，是此神也；如不上卦，再占他處之神可也。

鬼值木火水土者，皆用此法。

---

[52]『天將』，神話中天上的將領。——鼎升註

[53]『關公』，即關羽，字雲長，三國蜀漢大將，封漢壽亭侯。生平事迹爲歷代傳誦，並加以神化，尊爲關公、關帝。——鼎升註

[54]『金剛』，佛教護法神名，以手執金剛杵以立名。——鼎升註

[55]『元帥』，官名，軍隊統帥或軍事長官。敦化堂本作『元勛』，當誤。——鼎升註

[56]『伍公』，即伍員，字子胥，春秋時楚國人。父伍奢與兄伍尚都被楚平王殺害，子胥奔吳，任吳國大夫。後與孫武共佐吳王闔閭伐楚，掘楚平王墓，鞭屍三百。——鼎升註

[57]『岳公』，即岳飛，字鵬舉，南宋抗金名將。謚武穆，追封鄂王。——鼎升註

[58]『敕』，音chì【斥】。皇帝的詔令。——鼎升註

[59]『許願信而未還』，祈求神佛時許下某種酬謝，待應驗後却沒有實現當時的許諾。——鼎升註

得罪於正神者，香花⑥⑩紙馬⑥①祭之；勾惹邪祟之鬼者，用漿紙錢⑥②，夜淨之時，金鬼者向西送之，水鬼者向北送。餘倣此。

野鶴曰：凡得時災⑥③瘟⑥④瘴⑥⑤，照此法而祭送者，予屢驗之。倘係瘋癆氣蠱⑥⑥，既失調理於前，酒色傷身，又失慎重於後，與神鬼何干？祭之送之，皆無益矣。惟節飲食、遠色欲、息氣養神，其病自滅。予遊遍江湖，曾歷滇黔蜀粵⑥⑦，彼方不服藥，專信鬼神，先用三牲五牲，後至殺牛宰馬，一次不愈，甚至二三十次，因病致窮者多矣。殊不知害他命而救命，其罪愈彰。所以屢見害性命之多者，終不能救而

---

⑥⑩『香花』，香與花，爲祭祀所用。——鼎升註

⑥①『紙馬』，舊俗祭祀時所用的神像紙，祭畢隨即焚化。古代祭祀用牲幣，秦俗用馬，後演變爲用木馬。唐王璵以紙爲幣，用紙馬以祀鬼神。後世刻板以五色神佛像出售，名曰紙馬。或謂舊時所繪神像，皆畫馬其上，以爲神佛乘騎之用，故稱紙馬。又稱甲馬。——鼎升註

⑥②『漿紙錢』，『漿紙』，用不同植物如木、竹、草的纖維等發酵得到的原漿製作的紙。『紙錢』，燒給死人或鬼神的銅錢形的圓紙片，中間有方孔。也有用較大的紙片，上面打出一錢形做成。——鼎升註

⑥③『時災』，天災。——鼎升註

⑥④『瘟』，指人或牲畜家禽所生的急性傳染病。——鼎升註

⑥⑤『瘴』，本義指『瘴癧』，是惡性瘧疾等傳染病，在亞熱帶潮濕地區流行。——鼎升註

⑥⑥『瘋』『癆』『氣蠱』，『瘋』，病名，通常指精神病，患者神經錯亂，精神失常。『癆』，中醫指積勞損削之病。一說爲結核病的俗稱。『氣蠱』，亦作『氣臌』，腹部腫脹的病症。俗稱氣臌脹。——鼎升註

⑥⑦『滇黔蜀粵』，雲南、貴州、四川、廣東和廣西。——鼎升註

死，可不戒歟⑱？今下路⑲讀書人亦信此邪神者，予實不解。神農⑳嘗百草遺救生靈，未聞有何聖賢，教人宰性命以救命也。

李我平曰：《易冒》以『鬼臨金者爲關公、岳王㉑』，《補遺㉒》又以『青龍爲漢壽亭侯㉓』，第不知關公之前，金鬼與青龍是何神也？又曰『祭者降之以福，不祭者降之以殃』，此乃作福作威之邪神也，正直之神何得有此？此書通前徹後無一不合於理，獨此《疾病章》中，亦言鬼神之事，予實不服。疑因今人問病，開口先問鬼神，不得不從俗耳！智者察之。

---

⑱『歟』，音yú【魚】。文言助詞，表示疑問、感嘆、反詰等語氣。——鼎升註

⑲『下路』，長江下游地區，包括江蘇、安徽、浙江等省。一說爲江蘇省的別稱。因江蘇省居於安徽省的下游，故稱安徽省爲上江，江蘇省爲下江。——鼎升註

⑳『神農』，傳說中的太古帝王名。始教民爲耒耜，務農業，故稱神農氏。又傳他曾嘗百草，發現藥材，教人治病。也稱炎帝，謂以火德王。——鼎升註

㉑《易冒・鬼神章》原文作：『官鬼屬金，如天將、關帝、伍公、岳王、元壇、總管、七煞、金剛、傷司、喪煞之屬，蓋方隅有稱元帥、將軍、金甲之神，及威武門勇成神者，皆可類推。』『岳王』，參前『岳公』條。——鼎升註

㉒『補遺』，即《易林補遺》。——鼎升註

㉓『漢壽亭侯』，參前『關公』條。——鼎升註

延醫章第一百三

野鶴曰：有人而問予曰：『問卜以求神，延醫而服藥』，有是理乎？予曰：若無此理，伏羲[74]畫卦，神農嘗藥，作何事耶？彼曰：然則又有不能救者，何也？予曰：有根者可以救之，無根者則不能也。人之星辰過宮或是交運脫限，謂之『移花接木[75]之年』，移其有根之花木者，上則遮蓋，下宜澆水則活矣，不澆不蓋，見日則枯：服藥求神者，即此意也。若使無根之木、無蒂之花，雖澆雖蓋，亦無益矣。

自占求醫，應爻爲醫人；代六親而求醫者，亦以應爲醫人。

鬼作憂神休妄動，福爲喜悅要生扶。

自占代占，鬼乃憂疑之神也，若持世及動於卦中，得子孫動而制之，此醫可請，手到成功；若得子孫臨應爻者，乃明醫也。其故何也？子孫乃制鬼之神，非真正能制邪魔之鬼也，乃尅去憂神，我無憂也。

應作醫人，不宜空破墓絕。

應爻空破墓絕、休囚衰弱，或旺相而被日月動爻沖尅，或動而化鬼、化絕、化回頭尅，藥不見效。

子孫制鬼，最喜旺相生扶。

子孫臨世應或發動於卦中，亦要旺相，不受刑沖尅害，不逢破墓絕空，藥必見效。

---

[74]『伏羲』，古代傳說中的部落酋長。相傳他始畫八卦，教民捕魚畜牧，以充庖厨。又名包犧、宓羲、伏戲。——鼎升註

[75]『移花接木』，把花木的枝條嫁接到另一種花木上。比喻施展手段，暗中更換人或事物。——鼎升註

子動化鬼化尅，其藥不精；子動化空，實空之日有效。

子動化生、化旺、化進神者，其藥更靈。

古以『子動化子孫，其藥必雜』，非也。子動化子孫而旺相者，另改藥品，即比仙丹。

醫尅用爻，近病即愈。

自占病，應爻尅世者，尅制我之病也；應爻尅用神，亦如此斷。惟不宜乎久病及體弱之人，非獨尅病，身亦受其傷矣。

應爻臨兄鬼而尅用神，及尅世爻者，不拘久病近病，必遭其害。

父爻持世，妙藥難調。

自占病，父持世，藥不見功，宜於靜養，遠色欲、息氣惱可也。

兄弟持世，有子孫動於卦中者，醫可延之。惟嫌鬼旺鬼興，誤服藥餌。

財[76]爻持世，切勿誤食肥甘。旺相遇生扶，良醫有覓；休囚逢沖尅，無藥可醫。

子不代父以占藥，妻不代夫而卜醫。

子占父，宜父爻旺相。占醫占藥，又以子孫爲用神，父旺以傷子也，一爻不能兩用。

妻占夫，宜官鬼旺相。占醫占藥，亦以子孫爲用神，子旺又能傷夫，所以不能代占醫也。

延醫於子孫之方，治病以應爻而定。

卦中子孫爻旺者，延醫於子孫之方：且如午火子孫或旺或動，請南方之醫。餘倣此。

---

[76]『財』，原本與敦化堂本俱作『才』，據李紱抄本改。——鼎升註

卦中子孫休因空破者，又看應爻旺否：若得應爻旺相，生合用神，即於應爻之方請之。
且如應爻臨申金，明醫必在西南。餘倣此。
如卦中有一爻獨發而生用神者，又以此方而延醫。
以五行而定名姓：水爻動，點水之姓；火爻動，姓名像火；木爻，草頭木傍；土爻，姓名有土；金爻動，姓名有金⑰。
且如占妻病，妻爻屬水，得申金發動以相生，請錢姓之醫以治之。餘倣此。
不起之症，卦中不現其醫；立愈之災，爻中⑱不報用藥。
屢見占醫之卦，無藥可醫之症者，神不現其醫矣：若非用神化鬼、鬼化用神，即是忌神化六親、六親化忌神，及用神化絕、化尅、化墓，久病逢沖、逢空、隨鬼入墓。此皆無藥而醫也。
病之即愈，神亦不現其醫：近病者，若非卦得六沖，即現用值旬空，或用神化回頭生；自占者，子孫持世。此皆不藥而愈也。

---

⑰『金爻動，姓名有金』，原本與敦化堂本俱無，據李紱抄本補。——鼎升註
⑱『中』，原本作『沖』，當誤，據敦化堂本與李紱抄本改。——鼎升註

醫卜往治章第一百四

大抵與卜醫相倣。

世爲己，應爻爲病人。若得世爻旺相、子孫財爻持世、世生應爻、世爻動化進神、化回頭生、日月動爻臨財星子孫而生世，此皆手到病除。

近病者，應值旬空，或動而化空、化回頭生、化旺、化退神，或日月動爻生應爻，及卦逢六沖、卦變六沖，此皆速宜往救，勿令他人先到以成功也。

久病者，應爻旺相，或逢日月動爻相生，或動而化生化旺，應臨子孫、應臨財動生世，雖然病久，我必除根。除此之外，皆不宜往，徒損盛名。

野鶴曰：諸書無不以『官爲鬼爲病，應爲醫人，子孫爲藥』，理固然也，但此官鬼者，非鬼非病，乃憂神耳：占子病者，父母愛子之心，未病惟恐疾憂，況已病乎？自占病者，性命在呼吸之間，且一人不起，舉室驚惶，誰不憂乎？此官鬼者，即一家之憂神也。惟解此憂者，乃賴子孫爻也。

如午建⑲甲寅日，一人病在危篤⑳，醫家不治。迎予到宅，見有三十餘人，至親泪眼不乾，密友愁容可掬：此非一家之憂乎？

---

⑲『建』，敦化堂本與李絨抄本俱作『月』。——鼎升註

⑳『危篤』，病勢危險，危急。——鼎升註

及至，弟占兄病。得屯之中孚——

	ㄨ	子水	兄弟	卯木	子孫
應	、	戌土	官鬼		
	〃	申金	父母		
	〃	辰土	官鬼		
世	ㄨ	寅木	子孫	卯木	子孫
	、	子水	兄弟		

予則笑而言曰：列位放心，今日半夜退災，明日卯日即[81]起床矣！大小一門，愁容變喜。此卦中之子孫爻者，是藥耶，是解憂之神耶？許即愈者，何也？此人雖是險症，其實近病，子水兄爻值旬空，近病逢空即愈，值半夜子時而不空也。或曰：近病逢空，何不許沖空之午日，實空之子日？予曰：因子水化卯木子孫，世爻又臨寅木子孫化卯木子孫，次日即是卯日，正一家解憂釋疑之時，所以許半夜實空之時也。果於子時退災，次日起床。此何嘗用藥而制鬼耶？

予再取舟中阻風之例言之，而子孫爲解憂之神，愈可知矣。曾過洞庭[82]阻風，同行章姓者占何日順風。

[81]『即』，敦化堂本作『必』。——鼎升註

[82]『洞庭』，湖名。即洞庭湖。一説爲太湖的別名。——鼎升註

卯月辛丑日，得剝之觀卦——

	丶	寅木	妻財	
世	ㄨ	子水	子孫	巳火官鬼
	〃	戌土	父母	
	〃	卯木	妻財	
應	〃	巳火	官鬼	
	〃	未土	父母	

彼執此卦而告予曰：『若論風雲，全憑兄弟』，又云『木動生風』。卦中寅、卯不動，幸而旺相，兄爻申金伏於世下，今日申時，伏神出而沖動寅木，必有順風，不然明日寅日沖出申金兄爻，一定開舟。予笑而言曰：此時大風大雨，何嘗無風？彼曰：我問者順風。予曰：這等斷法，隔靴搔癢[83]。占天時之旱澇，木爻兄爻以爲風雲，今已登舟，豈可執此爲法？爾我風阻於此，日懼風波之險，夜防盜賊之驚，凄風冷雨，焦心如熾，能解我之憂者，乃子孫之爻耳。此卦子孫持世而化空，連朝風雨，只待出空而後晴，子孫出空之日，開船解我之憂。果於乙巳日大晴，風停浪靜，還無順風，次日丙午，一日順風則過湖矣。順風順水，暢飲開懷，得非子孫之力，釋我之憂耶？彼曰：卜易之書從無此論，必有秘傳。不然何以神乎？予曰：昔亦以木兄而斷，屢試不驗，因見子孫值日以開舟，遂悟出此理。彼又曰：子水子孫化巳空，巳日已開舟矣，何故到丙午日而得順風？予曰：此卦占於丑日，子水到巳日雖則出空，還

[83]『隔靴搔癢』，隔著一層皮靴欲搔其癢，不起作用。比喻不貼切，沒有抓住關鍵。——鼎升註

被日辰合住，必待丙午沖開，遇順風矣！

此子孫者，不猶夫《疾病》之篇，以子孫爲解憂之神？其理一耶。

又如一日，時值初更⑭，叩門人曰：家小主有病，相迎占卜。予問：得病幾時？山東纔回，頃刻得病。予即自卜一卦。

未月壬子日，得節之比——

	、、	子水	兄弟	
	、	戌土	官鬼	
應	、、	申金	父母	
	、、	丑土	官鬼	
	○	卯木	子孫	巳火　妻財
世	○	巳火	妻財	未土　官鬼

巳火財爻持世，子動生世，子孫乃喜悅之神，此行有益。及到伊⑮家，值醫檢藥。

⑭『初更』，舊時每夜分爲五個更次。晚七時至九時爲『初更』。——鼎升註

⑮『伊』，人稱代詞。他；她。——鼎升註

壬子日，占子病。得解之坎——

	〃	戌土	妻財	
應	ㄨ	申金	官鬼	戌土 妻財
	○	午火	子孫	申金 官鬼
	〃	午火	子孫	
世	丶	辰土	妻財	
	〃	寅木	兄弟	

予見此卦生疑：近病化六沖不死之症，却是子孫變鬼必死之症？不敢斷之。再請親人卜之。

叔占侄病，得坤卦——

世	〃	酉金	子孫
	〃	亥水	妻財
	〃	丑土	兄弟
應	〃	卯木	官鬼
	〃	巳火	父母
	〃	未土	兄弟

又見六沖，知不死矣。問有舊病否？彼曰：從無病根。便是山東一路而來，亦無病也。適間日落之時，忽而滿床亂滾，口不能言。予曰：既無舊病，予敢保之即愈。再請醫者卜之。

得井之明夷——

	ヽヽ	子水	父母		
世	○	戌土	妻財	亥水	父母
	ヽヽ	申金	官鬼		
	ヽ	酉金	官鬼		
應	○	亥水	父母	丑土	妻財
	ㄨ	丑土	妻財	卯木	兄弟

應爲病人，世剋應爻還不妨，乃是剋制病人之病也，但不宜應爻化回頭剋，定是用藥有誤。予問東家[86]：藥曾吃否？答曰：未熟。問醫者曰：所得何病？所下何藥？伊曰：三伏[87]之天，途中受暑，不過解暑之涼藥耳。予私對東家曰：令郎不死，却得必死之卦，恐此藥未必對症，再請復看。醫者曰：床上亂滾，不能把脉[88]。隨叫家人，問途中何如？家人言曰：到家熱極，移床於過道臨風之處，用太[89]冰二塊，安於涼床之下，命婢女掌扇，一覺睡熟。忽[90]然打滾，叫喚幾聲，即不言矣。予想熱極之人，卧冰臨風，

---

[86]『東家』，受人僱用或聘請的人稱他的主人。——鼎升註

[87]『三伏』，一年中最炎熱的時候。夏至後第三個庚日起爲初伏，十天；然後是中伏，十天或二十天；再後是末伏，十天。一說專指末伏。——鼎升註

[88]『把脉』，按脉，診脉。——鼎升註

[89]『太』，高，大。敦化堂本作『大』。——鼎升註

[90]『忽』，原本作『勿』，當誤，據敦化堂本改。——鼎升註

久曠之夫[91]，使婢掌扇，其病可知。醫者亦曰：適間看病，已扶入房矣，不知此節事，看來寒藥實不可服。予曰：竟用附子[92]肉桂[93]，方可治之。再命伊父占之。

壬子日，占用附子可否。得大有之大畜——

應			世		
、	、、	○	、	、	、
巳火	未土	酉金	辰土	寅木	子水
官鬼	父母	兄弟	父母	妻財	子孫
		戌土 父母			

子孫臨日辰，酉金兄動以相生，大用一劑，包管立愈。醫家先用乾姜[94]湯試之。少刻開言：肚疼之

[91]『久曠之夫』，『曠夫』，指成年而未娶妻的男子。此處指該病人很久未行男女之事。『曠』，原本與敦化堂本俱作『曠』，當誤，據前後文意改。——鼎升註

[92]『附子』，植物名。多年生草本，株高三、四尺，莖作四棱，葉掌狀，如艾。秋月開花，若僧鞋，俗稱僧鞋菊。葉莖有毒，根尤劇，含烏頭鹼，辛，大熱，可入藥。有回陽救逆，逐寒燥濕，溫助腎陽的作用。——鼎升註

[93]『肉桂』，常綠喬木，葉呈橢圓形，開小白花，樹皮可藥用，即桂皮。辛、甘，大熱。歸腎、脾、心、肝經。有補火助陽，引火歸源，散寒止痛，活血通經的功效。——鼎升註

[94]『乾姜』，中藥名。別名白姜。爲姜科植物姜的乾燥根莖。辛，熱。入心、肺、脾、胃、腎經。溫中逐寒，回陽通脈，消痰下氣，治胃腹冷痛、虛寒吐瀉、肢冷脉微、寒飲喘咳、風寒濕痹。——鼎升註

甚！予曰：何如？快服此藥！醫家加減調理一夜，次早全愈。此人之不死也，因我出門子孫發動一卦而斷定矣，厥[95]後連占數卦，合而參之，方敢用大熱之劑，起死回生。不然一劑涼藥，寒上加寒，能於活耶？

覺子曰：此卦酉金兄動以生子孫，服此熱藥而病愈，若使前賢見之，又以酉金兄爻而爲藥也。

凡卜藥，亦有當卜之道。或醫家看臨危之症，欲投此藥，可以起死回生，惟恐一失，關係不小，得子孫動者，必喜悅也，即可用之，用而必效；或泛海行舟，或長途窮旅，無處尋醫，有人傳一奇方，占得子孫動者，其方必效；或半夜更深，延醫不及，檢點古方及家藏丸藥，實對此症，不敢擅用，不可不占：皆以子孫爲用神，但得子孫持世、子孫發動，服之立可解憂。此諸占之子孫者，不拘金木水火土也，或旺或動，即爲喜悅之神，用此方而見效，不效，何喜之有？切不可又以金臨子孫而用針，火屬子孫而用灸，錯也，誤也！[96]

一日到一府中，衆客告曰：老先生昨日在後園忽然仆倒，扶起口出狂言，至今不知人事。適間諸位醫者內有曰：不服人參[97]不能提氣。有曰：幸無痰上，若吃人參，痰上則難治矣。予曰：就卜人參吃得否。

---

[95]『厥』音jué【爵】。乃，於是。——鼎升註

[96]李紱抄本前有『李我平曰』四字。——鼎升註

[97]『人參』，人參是五加科植物人參的乾燥根。甘、微苦，平。歸脾、肺、心經。有大補元氣，復脉固脫，補脾益肺，生津，安神的功效。——鼎升註

寅月丁卯日，子占父病，吃人參好否？得萃之否——

ㄨ	未土	父母		戌土 父母
丶	酉金	兄弟	應	
丶	亥水	子孫		
〃	卯木	妻財		
〃	巳火	官鬼	世	
〃	未土	父母		

占人參，必以子孫爲用神，若不通變，見卦中父動剋子孫，不過曰人參不可服也。予非此斷。子占父病，父爻爲用神，未父化戌父，戌父旬空，人參勿用，藥亦勿服，明日辰日，沖空即愈。果於鷄鳴時[98]甦醒，次日不藥而愈。

又如一日在席間，忽而東翁[99]口眼歪斜，痰涎[100]長流。予亦在座，乃郎問曰：家有牛黃丸[101]，不知可服？予命占之。

---

[98]『鷄鳴時』，常指天明之前；一說指丑時。——鼎升註

[99]『東翁』，舊時塾師、幕友對主人的敬稱。——鼎升註

[100]『涎』，原本與敦化堂本俱作『漩』，顯誤，據如意堂本與文意改。——鼎升註

[101]『牛黃丸』，功效爲清熱、鎮驚、消炎。適應高熱昏迷、神昏譫語、痰濁壅塞、牙關緊閉、不省人事、目赤脣焦、痙厥抽搐、癲癇、驚風、隱疹不露等症。——鼎升註

亥月辛酉日，子占父病，吃牛黃丸可否？得夬卦——

世　　　　應

⚋　⚊　⚊　⚊　⚊　⚊

未土　酉金　亥水　辰土　寅木　子水

兄弟　子孫　妻財　兄弟　官鬼　妻財

予曰：灌服此丸，可保立愈！服之果醒。喜子孫持世。或曰：同是子占父藥，一卦看父爻，一卦用子孫，其故何也？予曰：前卦父爻發動，神兆機於動，以父母斷之；後卦子孫持世值日辰，子孫乃喜悅之神，父病即安，則喜悅矣。卦無不靈，在人通變。

又如申月癸卯日，因楊梅瘡[102]，占醫好否？得履之否——

世　　　　應

⚊　⚊　⚊　⚋　○　○

戌土　申金　午火　丑土　卯木　巳火

兄弟　子孫　父母　兄弟　官鬼　父母

巳火　未土

父母　兄弟

[102]『楊梅瘡』，梅毒所發之瘡，色紅，似楊梅。亦指梅毒。梅毒爲慢性傳染性疾病，後天患者多由性交引起，先天者由孕婦傳給胎兒，病原體爲梅毒螺旋體，臨床病程分三期，持續多年，可侵害許多器官和組織。——鼎升註

斷曰：此醫不可用之！雖係子孫持世，應爲醫人，不宜初爻巳火動尅申金⑩³，又有卯木生火，世爻雖旺，巳日一定添災。不聽，竟延此醫治之。卯、辰日服藥，還保平常，巳日忽然變症，遍身疼痛難當。病人著急而問予曰：可傷命否？予曰：世值月建，如何傷命？速服解藥，過此巳、午日則止疼矣。即服解藥。至申日，其病如常。

野鶴曰：前篇俱言『子孫持世，其病即愈』，必要子孫不受尅可也，後賢不可不知。

李我平曰：此論『官鬼爲憂神，子孫爲喜悅解憂之神』，雖係古法，用之而當，非合鬼神之機，不能幻想至此。然又有不以鬼作憂神者，全在來人念之所指：彼問病之吉凶，若得鬼持世、鬼動卦中，則爲憂神，子孫持世、子孫發動，則爲解憂喜悅之神是也；彼問犯何鬼神者，卦現金鬼，必沖犯於武神，水鬼者，獲罪於河神也；彼問病源，火鬼必屬心經，水鬼必居腎部。子孫旺而動者，不藥而愈，非教人以此子孫爲治病之藥也。往往前賢見此子孫旺動，占病病愈，占醫醫良，竟以此子孫爻爲治病之藥：金臨⑩⁴子孫而用針，火持子孫而用灸。殊不知子孫若旺，其病自痊，何用針灸？子孫若值空破，用針灸而何益？諸書皆曰：『火⑩⁵鬼忌熱，水鬼忌寒。水鬼若居生旺之地，須用大熱之藥以治之；火鬼旺者，宜大寒之藥以攻之。』予不知從何所見？假使用神屬土，及子占父病，父爻臨土，若得火鬼發動，乃生用爻之元神也，豈可以大寒之藥而治元神耶？又如妻占夫病，鬼爲用神，假令夫臨水鬼，又可以大熱之藥以攻

---

⑩³『不宜初爻巳火動尅申金』，原本與敦化堂本俱作『不宜應爻巳火尅申金』，顯誤，據李綋抄本改。——鼎升註

⑩⁴『臨』，原本與敦化堂本、李綋抄本俱作『生』，當誤，據前文文意改。——鼎升註

⑩⁵『火』，原本與敦化堂本俱作『土』，當誤，據李綋抄本與文意改。——鼎升註

夫爻之用神耶？嘗⑯見窮鄉僻壤⑰，無處覓醫，祇謂《周易》乃大聖大賢之書，遵之必靈，以此大寒大熱之藥，不知坑陷如許⑱之命？言及髮指⑲。此書一出，寒熱之藥不敢輕用，從此泉下⑳無怨鬼矣。

增刪卜易卷十一終

⑯『嘗』，敦化堂本作『常』，李紱抄本作『每』。——鼎升註
⑰『窮鄉僻壤』，荒凉偏僻的地方。——鼎升註
⑱『如許』，這麽多。——鼎升註
⑲『髮指』，頭髮豎起來。形容非常憤怒。——鼎升註
⑳『泉下』，黃泉之下，指人死後所埋葬的地方。也指陰間。——鼎升註

增刪卜易・卷十二

野鶴老人著
楚江李坦我平鑒定
湖南李文輝覺子增刪
山西李凡丁鼎升校註
婿陳文吉茂生
男茹芝山秀
仝訂

家宅章第一百五

野鶴曰：諸書皆曰『一卦之中，可決一家休咎①；六爻之內，能分六事②吉凶』，以卦中之父母爻爲屋宇，又以父母爻爲雙親，既爲二親，又以五爻爲父，四爻爲母，於此悖謬③糊塗，尚自刊傳爲法，予實不解。

---

①『休咎』，吉與凶；善與惡。——鼎升註

②『六事』，堪輿術語。陽宅六事包括內六事和外六事。內六事爲門、竈、井、厠、碓磨（包括倉庫）、畜欄；外六事爲道路、池塘、橋梁、廟宇、佛塔。術家認爲，內、外六事的方位坐向，與人口的禍福休咎有密切關係，其中尤以門的地位最爲重要。——鼎升註

③『悖謬』，音bèimiù【被繆】。荒謬；不合道理。——鼎升註

假令戊月丙午日，占得乾之小畜——

青龍	元武	白虎	螣蛇	勾陳	朱雀
世			應		
丶	丶	○	丶	丶	丶
戌土	申金	午火	辰土	寅木	子水
父母	兄弟	官鬼	父母	妻財	子孫
		未土			
		父母			

古法有云：『卦無父母，不免堂上④之憂。⑤』此卦不獨有父母，戌土父母臨月建，午火官動以相生，即父母雙慶⑥之祥也；若又以五爻爲父、四爻爲母斷者，鬼臨四位，老母多災：執此問之，老母多災耶，堂上無憂耶？又曰：『何爻受尅，即此逢傷。⑦』今五爻申金被午火鬼尅，此又老父以生災也。又曰：『鬼動乾宮，老父之咎。』此卦鬼發乾宮，又爲老父之咎。又云：『火鬼動，以防回祿⑧；白虎鬼，

④『堂上』，對父母的敬稱。——鼎升註

⑤原文出自《易冒・家宅章》。——鼎升註

⑥『雙慶』，謂父母俱在。——鼎升註

⑦《易冒・家宅章》原文作：『何命臨鬼，何命隨墓，何爻空破，何象動散，何命化對，何用傷害，則其爲之災。』——鼎升註

⑧『回祿』，傳說中的火神名。後因稱火災爲回祿。——鼎升註

爲喪服之憂。⑨』又云：『世逢生旺，宅旺家安。』此卦世已旺矣，奈因火鬼臨於虎動，可謂之回祿乎，喪孝乎，家興宅旺乎？又以官鬼爲廳，謂之『官旺，屋宇軒昂』；又云：『鬼旺鬼興，爲災爲咎。』此卦鬼臨日辰旺動，屋宇軒昂乎，爲災爲咎乎？又云：『財興官旺，熱鬧門庭。』又曰：『財爻發動，父母遭傷。』豈門庭熱鬧之家，皆無父母之家耶？又云：『兄爻旺相，紫荊⑩並茂於堂前。』又云：『兄弟持世，絲絃再理⑪。』豈雁行⑫隊隊者，皆失履遺簪⑬之宅耶？種種悖謬，難以枚舉，予不得已而正之。

---

⑨《易冒・家宅章》原文作：『是以水鬼動而遠河川，土鬼動而莫堵宅，金鬼動而慎刀鈄，木鬼動而徒種植，火鬼動而防回祿。武鬼發而戒亡財，白虎爲喪服之憂，朱雀爲訟詞之慮，螣蛇現怪異之端，勾陳起土田之釁，惟青龍利爵級文章，不利胎產，及進丁口也。』——鼎升註

⑩『紫荊』，據南朝梁吳均《續齊諧記・紫荊樹》載：田真兄弟三人析產，堂前有紫荊樹一株，議破爲三，荊忽枯死。真謂諸弟：『樹本同株，聞將分斫，所以憔悴，是人不如木也。』因悲不自勝。兄弟相感，不復分產，樹亦復榮。後因用『紫荊』爲有關兄弟之典故。——鼎升註

⑪『絲絃再理』，指妻子死後再娶。古代常以琴瑟比喻夫婦，故稱喪妻爲『斷絃』，再娶爲『續絃』或『絲絃再理』。——鼎升註

⑫『雁行』，並行或走在前頭。引申爲有次序的排列。借指兄弟。『行』，音háng【航】。——鼎升註

⑬『失履遺簪』，遺棄的簪珥鞋襪。比喻舊物或故情。此處指妻死。——鼎升註

蓋造買宅賃宅章第一百六

父旺持世，此處清安⑭宜久住。

父爻旺相，持世生世合世，及世爻動而化父相生，或得日月作父母生合世爻，皆爲發福之第。

財爻發動，他方仁里⑮另宜求。

財動以剋父爻，另於他處圖之。

爻逢六合，終見亨通；卦遇反吟，多於愁嘆。

世爻父爻旺相，又得六合卦者，事之必成，成而久遠。但不喜其六沖，六沖不久之象。卦遇反吟，倘如世被沖剋，大凶之兆。

世動而化進，綿長⑯百代；父興不化退，增置千間。

世動化退，勉强成之，終須退悔；世動而化進神者，成後長遠興隆，名隆⑰利厚。父動化退神，成後凋零破敗；倘得化進，從此再置千間。

最忌隨官入墓，須防鬼動傷身。

世爻隨鬼入墓、財爻助鬼剋世，及世爻動而變凶，或日月動爻剋世，皆不宜行。

---

⑭『清安』，清平安寧。——鼎升註

⑮『仁里』，仁者居住的地方。語出《論語·里仁》：『里仁爲美。』後泛稱風俗淳美的鄉里。——鼎升註

⑯『綿長』，延續很長；久遠。——鼎升註

⑰『隆』，敦化堂本作『榮』。——鼎升註

父動尅世，及世爻父爻空破墓絕者，亦不宜行。

野鶴曰：凡蓋造、買宅、賃宅，世與父爻旺相，不犯沖尅者，即宜成之，自是榮華昌盛。如問一家之吉凶，雖則須宜分占，亦待遷居入火之時，擇其吉日而占之。告於神曰：今擇某日遷居，礙於父母妻子否？若有妨礙，須宜另擇一日。不然或叫所礙之人，另擇一時以入門者，可也。朝廷頒曆⑱，以便民間之用者，此也。如若蓋造、買造，占問一家，俱宜吉慶，假令家有百口，欲使人人合其吉者，百年買不成矣。

創造宮室⑲章第一百七

創造興工，卦忌六沖；鬼動爲忌，尅世最凶；隨官入墓，禍患多逢。

父爻旺相、世位興隆，世、父兩爻動化吉，人安宅盛事亨通。

---

⑱『曆』，即『皇曆』，又稱『黃曆』、『通書』、『通勝』，主要內容爲二十四節氣的日期表，每天的吉凶宜忌、生肖運程等。——鼎升註

⑲『宮室』，古時房屋的通稱。後特指帝王的宮殿。——鼎升註

修方動土章第一百八

世臨福德最相宜，官鬼交重有禍基；世旺逢生宜化吉，世衰受尅且停之。

子孫之方宜起手，官鬼之位莫挑泥。

且如子孫屬水，起手動土宜於北方；官鬼屬火，不可動土於南方；鬼在辰戌丑未，此方切忌動土。

拆舊豈嫌財⑳象發，興新偏忌父爻虛；造成屋宇憂沖散，父爻旺相久長居。

遷居過火章第一百九

古以『內三爻爲現居之宅，外三爻爲未居之房。內尅外者，外宅不利，不宜遷之；內生外者，外宅興隆，速遷爲吉』。

野鶴曰：予以此法不善。宅已蓋造買成，今欲入火，假使占得外宅不吉，而不遷耶？既有新宅，舊宅或已棄矣，倘若占得內宅吉者，豈可仍居舊宅耶？

覺子曰：此法亦有使處。來人有問，欲棄舊宅而買新宅，可乎？用此法者，宜也。

⑳『財』，原本作『才』，據敦化堂本改。——鼎升註

歸宅入火章第一百十

宅之吉凶，已於蓋造買宅卦中，卜就之矣。今擇入火之日，須將父母、兄弟、妻兒各自分占，宜於此日者用之，不宜此日者改之。或改日，或另擇一時以入門，皆可化凶爲吉。

入宅六親吉凶章第一百十一

擇某日入宅，宜於父母否？再占一卦，宜於兄弟否？再占一卦，宜於妻兒否？占父母，父母宜於旺相；占兄弟妻兒，皆宜旺相而遇生扶。不宜變動而化鬼，及刑沖尅制。得其吉者，即於此日入宅；卦之凶者，令此人另改一日入門可也。假令數卦之中，或兄弟、或妻子，內有一卦不利者，即令另擇一日，或另擇一時，俱可。

野鶴曰：予得周公㉑尅制之法，凡六親所犯之神，令之趨避，無一不驗。且如木臨父母，金爻財動以傷之，父母入宅，須擇尅制金爻之日；安父母之床榻，宜尅制金爻之方。屢試屢驗。

㉑『周公』，姓姬名旦，周文王子，輔助周武王滅紂。周代的禮樂制度相傳都是周公所制訂。——鼎升註

如子月丁酉日，占擇某日入宅，有礙父母否？得萃卦——

	應			世	
〃	、	、	〃	〃	〃
未土	酉金	亥水	卯木	巳火	未土
父母	兄弟	子孫	妻財	官鬼	父母

斷曰：此日入宅，卯木暗動以剋父母。彼曰：即煩另改一日。予曰：不必改日，此日寅卯時吉，申時亦吉。爾等於寅卯時入宅，父母於申時入宅，保爾清吉㉒。彼曰：何也？予曰：申時者，卯木絕於申也，父母未土又長生於申，是以吉也。入宅之時，宜父母安床於西南。後照此行，予目擊平安一十七載。

㉒『清吉』，清平吉祥。——鼎升註

又如卯月丁卯日，占某日入宅，子女安否？得革之豐——

官鬼	未土	〃		
父母	酉金	○		申金　父母
兄弟	亥水	丶	世	
兄弟	亥水	丶		
官鬼	丑土	〃		
子孫	卯木	丶	應	

斷曰：父動尅子，幸子孫臨日月，父母又化退神，宜於亥子日遷居。安令郎[23]之床榻於南房，將來必然貴顯。果依此行，長子竟在卯歲登科[24]。

大凡占宅，無不一家安樂爲吉，所以父母、兄弟、妻妾、子女，自當分別占之，各有相忌相傷，不可一卦而斷。然又常得驗者，初買房時，不待另占，如有刑傷骨肉之事[25]，卦中早現之矣，不可不知。

㉓『令郎』，稱對方兒子的敬詞。——鼎升註

㉔『登科』，科舉時代應考人被錄取。——鼎升註

㉕『刑傷骨肉之事』，原本作『刑傷骨人之事』，敦化堂本作『刑傷骨人肉事』，據如意堂本改。——鼎升註

如申月辛卯日，占買宅吉否？得革之夬——

⚋	未土	官鬼		
⚊	酉金	父母		
⚊	亥水	兄弟		世
⚊	亥水	兄弟		
ㄨ	丑土	官鬼	寅木 子孫	
⚊	卯木	子孫		應

斷曰：此宅宜買。申金月建生世，卯日又沖動父爻生世，許之必發，人宅相宜。獨嫌二爻鬼變子孫，須防尅子。彼曰：既防損子，買之何益？予曰：此非宅，子之故也！即使不買此宅，亦恐難保。子孫臨月破，鬼動化出，危險極矣！彼竟棄之不買。其子八月出花㉖而死，十月，仍買此宅。

㉖『花』，急性傳染病名。俗稱天花，亦稱痘瘡或天瘡。症狀是先發高熱，全身出紅色的丘疹，變成疱疹，最後變成膿疱，中心凹陷，十天左右結痂，痂脫落後的疤痕就是麻子。種牛痘可以預防。——鼎升註

馬房猪圈章第一百十二

凡作牛欄、馬房、鷄栖、羊棧，亦宜分占。

子孫須宜旺動，父母切忌興隆。

凡占一切六畜，皆以子孫爲用神。不拘猪羊牛馬，皆忌父母發動，動則六畜受傷。亦忌子孫空破墓絶，及被日月動爻刑沖尅害，及子孫動而化空破墓絶、化鬼化父、化回頭尅，皆主刑傷，此地不宜用之，或更換地方，或另改一日。改日改地方者，再占。

生相㉗必須兼用，日月更喜相生。

六畜雖以子孫爲用神，又宜兼於生相：假令作馬房，子孫不被沖尅乃爲吉也，又宜午爻亦不宜臨鬼，不宜動而變鬼。餘倣此。

凡占六畜，最宜日月生扶，謂之『卦得日月生扶，六畜必然繁盛；倘受日月沖尅，牲口絶種無根』。

舊宅章第一百十三

野鶴曰：以前之卜宅者，乃卜蓋造買宅之新居也。常見來人而占久居之家宅，古法亦以一卦兼斷諸

㉗『生相』，生肖，屬相。——鼎升註

般之吉凶：先論官鬼，次論八宮。以十二生相定六畜之災，午鬼而失良馬，丑鬼而喪耕牛；又以之定人口之厄，午爻臨鬼，馬命者殃，巳鬼爻興，蛇命有難。

假使午爻臨鬼，馬死耶，屬馬之人不祿㉘耶？悖謬不堪，難以數說。予不知其昔人，何以回復來人之問也！要知彼之來意，或因連年破耗，疑家宅之不安；或因屢科之不第㉙；或因有子求名，疑此宅能興旺子孫否，必用子孫親卜；或因官不陞轉㉚；或因子女不存；或因官災火盜㉛；或因父母六親多病；或因前後左右他人蓋造，疑其沖犯；或因家有響動，邪祟現形：須問來人而判。

曾因官府㉜十載不陞，疑是家宅有礙。予曰：若以一卦而斷全家之事者，予則不能。須指其所疑之事而占之，其應如響㉝。公曰：何也？予曰：卦中不過地支五行，雖有現出，難以直指一處。即如火鬼發動為竈神㉞，府上二百餘間，其竈不少，難知何竈而不安；又如卯木鬼，門戶不安，古以四爻為門，尊府門戶不少，即以六爻全為門戶，不過定得六重，難知何門不利。所以指其所疑之處而占之，無不響應。公曰：予疑院內不宜有井，占問是否？

㉘『不祿』，士死的諱稱，諸侯、大夫亡故，訃文上的謙稱；夭折之稱。——鼎升註

㉙『不第』，猶落第。謂科舉考試不中。——鼎升註

㉚『陞轉』，舊稱官職的提陞與調動。亦偏指提陞。官階自下而上叫『陞』，同級平調叫『轉』。——鼎升註

㉛『火盜』，明火執仗的强盜。——鼎升註

㉜『官府』，指官吏。——鼎升註

㉝『響』，回聲。——鼎升註

㉞『竈神』，供於竈上的神。傳說竈神於農曆臘月二十三日至除夕上天陳報人家善惡。——鼎升註

酉月戊寅日，占得師之臨——

應			世		
ヽヽ	ヽヽ	ヽヽ	ヽヽ	ヽ	ㄨ
酉金	亥水	丑土	午火	辰土	寅木
父母	兄弟	官鬼	妻財	官鬼	子孫
					巳火
					妻財

斷曰：子孫發動，非此井也。公又曰：大門對向不利，意欲改之。可否？又占一卦。

又得同人——

應			世		
ヽ	ヽ	ヽ	ヽ	ヽヽ	ヽ
戌土	申金	午火	亥水	丑土	卯木
子孫	妻財	兄弟	官鬼	子孫	父母

斷曰：官鬼持世，是此門也，速宜遷改。須再占一卦，改門之後，功名何如？

又得小過之剝卦——

	ㄨ	戌土	父母	寅木	妻財
	〃	申金	兄弟		
世	○	午火	官鬼	戌土	父母
	○	申金	兄弟	卯木	妻財
	〃	午火	官鬼		
應	〃	辰土	父母		

斷曰：午火官星持世，寅日生之，外卦三合官局，明歲巳年及午年，連陞大位㉟。果於次年一歲兩陞。午年又陞，官至二品。

福德動搖，不是此方之禍。

子孫持世，或動於卦中，或官鬼不動，及六爻安靜，非此處也。

官鬼發動，的㊱於此地興妖。

官鬼持世尅世，官鬼動搖，實因此處有害。

野鶴曰：占得果是此處不利，即宜修補。再占一卦，修補之後何如？問名者，《功名章》內斷之；因財者，《求財章》內斷之；㊲防患者，《防患章》內斷之；疾病者，《疾病章》中斷之。曾因

㉟『大位』，顯貴的官位。——鼎升註

㊱『的』，的確，確實。——鼎升註

㊲此句中二處『財』，原本俱作『才』，據敦化堂本改。——鼎升註

士子㊳才㊴重當時，屢科㊵不第，卜家宅何如？予曰：雖則爲名而占貴宅，有疑相犯之處否？彼曰：疑後宅有廟，沖射本宅。

巳月己丑日，占得大有之乾——

應			世		
丶	ㄨ	丶	丶	丶	丶
巳火	未土	酉金	辰土	寅木	子水
官鬼	父母	兄弟	父母	妻財	子孫
	申金				
	兄弟				

斷曰：世爲本宅，應爲廟宇，世應相生，如何有犯？廟前另有一物，未土發動刑世，乃此故耳。彼曰：廟前有一照壁㊶，照壁之後有一株大樹，數百年矣。予曰：即此物也。爾用大獸頭㊷安於尾脊，張口對樹則吉。再占一卦，修補之後何如？

㊳『士子』，學子，讀書人。——鼎升註

㊴『才』，原本作『財』，據敦化堂本改。——鼎升註

㊵『科』，從隋唐到清代的分科考選文武官吏後備人員的制度。——鼎升註

㊶『照壁』，又稱『照墻』。大門外正對門起屏蔽作用的墻。——鼎升註

㊷『獸頭』，獸形之瓦。明宋應星《天工開物・瓦》：『鎮脊兩頭者，有鳥獸諸形象，皆人工逐一做成。』——鼎升註

得歸妹之豫——

應	‥	戌土	父母	
	‥	申金	兄弟	
	丶	午火	官鬼	
世	‥	丑土	父母	
	○	卯木	妻財	巳火　官鬼
	○	巳火	官鬼	未土　父母

斷曰：修補之後，包爾今科必中。財動生官，官動生世，大吉之兆。果中經魁㊸。下科胞弟㊹又發。

或曰：嘗見前人悉依古法，以一卦而兼斷之。予曰：有何難哉？曾於

㊸『經魁』，即『五經魁』。明清科舉制度，考生於五經試題裏各認考一經，錄取時，取各經之第一名合爲前五名，稱『五經魁（因分房關係，實際不止五名）』。——鼎升註

㊹『胞弟』，同一父母所生的弟弟。——鼎升註

亥月戊午日，占家宅。得比之蹇——

朱雀	青龍	元武	白虎	螣蛇	勾陳
應			世		
〃	丶	〃	ㄨ	〃	〃
子水	戌土	申金	卯木	巳火	未土
妻財	兄弟	子孫	官鬼	父母	兄弟
			申金		
			子孫		

予曰：因何而卜？彼曰：占家宅。予曰：家宅之占，事之多端，他人能以無理之論而妄猜，我不能也。我若執古法而妄猜者，虎鬼發動，有喪服之憂；木鬼爻興，不宜栽種；鬼持世爻，自身主刑杖枷鎖之厄；鬼在坤宮，墳墓有礙；鬼臨卯命，兔命者危。又曰：三爻爲弟位，鬼在三爻，兄弟必有病險；卦中子水財爻，暗動助鬼，以尅未土兄弟，亦主兄弟危亡；世爲宅長，卯木化申金之尅，十月死氣在卯，虎臨死氣於世爻，家長必有刀劍之害。更有許多神煞，不暇細數，乃極凶之家宅耶！此依古書之猜，爾若實因何事而占，實以告我，我占不靈，我之過也。彼曰：向因母病，今又妻病，疑是家宅有礙，是以占之。予曰：《疾病章》云：『近病逢空即愈。』今日午日，沖動妻財，病人逢沖則起，今晚即當退災。三爻卯木鬼動，爾家可曾另安一門否？彼曰：中門原在右邊，於五月間改在左邊。予曰：爾於庚申日，仍舊改在右邊，尊正㊺必

㊺『尊正』，對別人妻子的尊稱。——鼎升註

於甲子日全愈。自此之後，家宅安矣。夫應門戶者，鬼臨卯也；許申日改者，以申而制鬼也。果於子日大愈，家宅從此而安。

覺子曰：以此觀之，以古法而妄猜者，可乎，不可乎？以來人之意而斷者，是耶，非耶？

有因宅中響動，或見妖祟而占。

福德臨身，轉災爲福；旺財持世，寶藏興焉。

子孫持世、子孫發動者，鬼祟潛行。即有活鬼出現，可保平安。子動無憂，神藏鬼沒。

旺相之財持世，財動生世合世，必有古窖。若問在於何方？財來尋我，我莫尋他，皆我之財，自然出現；若問何時可得？即以此財爻，《應期章》內斷之。

鬼動爻中，真妖實祟。

鬼臨白虎，必有伏屍；鬼臨元武，水怪山魈⑯；蛇主蟲蛇爲妖；雀是官非火盜；勾陳鬼，牢獄傷身；青龍鬼，色欲而喪。亥子鬼，投河溺井之魂，或因水溝池塘之患；辰戌丑未之鬼，墻倒屋塌，或因墻垣⑰獸頭之犯；寅卯鬼，懸樑自縊⑱，又爲門戶棟梁；巳午鬼，火傷窑死，兼爲爐竈不安；鬼臨申酉之鄉，刀

---

⑯『山魈』，動物名。猴屬。狒狒之類。體長約三尺，頭大面長，眼小而凹，鼻深紅色，兩頰藍紫有皺紋，腹部灰白色，臀部有一大塊紅色胼胝，尾極短而向上，有尖利長牙，性凶猛，狀極醜惡。古代傳說以爲山怪，又稱『山𤟤』、『山臊』、『山繅』等，記述狀貌不一。『魈』，音xiāo【消】。傳說中山裏的鬼怪。——鼎升註

⑰『墻垣』，墻壁。『垣』，音yuán【原】。——鼎升註

⑱『自縊』，用繩索自勒其頸而死。俗稱上吊。——鼎升註

劍亡身之魄，或因金鐵爲怪，又爲狐狸爲精。鬼在變爻，冤家債㊾主。鬼臨日月，供養正神㊿：尅世者，必受其殃；生世者，反得其濟。古法制鬼，於庚申日甲子日，或於除夕，用黃錢(51)數張，漿水(52)一碗，卦現金鬼者，向西送之，水鬼者，向北送之，人靜送往門外，屢驗平安。餘倣此。

覺子曰：予有治鬼之法：一正可壓百邪；見怪不怪，其怪自滅。

官尅世位，爲災爲禍。

鬼動尅世，或世爻隨鬼入墓，及世動變鬼尅世，乃是冤家債主，難免禍殃，宜修德作福，自然改禍爲祥。財(53)動尅父、財化父、父化財，堂上之憂；父動尅子、鬼化子、子化鬼，膝前(54)有損；弟兄變鬼、鬼變弟兄、鬼動尅兄，妻財變鬼、鬼變妻財，兄動化財、財化兄弟，既防手足刑傷，又主分衾拆枕(55)。

㊾『債』，原本作『倩』，顯誤，據敦化堂本與李紱抄本改。——鼎升註

㊿『正神』，正道之神。——鼎升註

(51)『黃錢』，用黃表紙折成，焚化給鬼神的紙錢。——鼎升註

(52)『漿水』，水或其他食物湯汁。——鼎升註

(53)『財』，原本作『才』，據敦化堂本改。——鼎升註

(54)『膝前』，指父母的身邊。此處指子女。——鼎升註

(55)『分衾拆枕』，分開被子與枕頭。喻夫妻離異。——鼎升註

同居㊱章第一百十四

與六親同居用六親，與外人同居看應爻。世爲己，應爲人。世應相合相生，日月動爻生合世應者，彼此俱祥。尅世我遭傷，尅應他遭害。世尅應，他畏於我；應尅世，我被他欺。刑沖者同。

與六親同居，宜於世與用神相生，不宜相沖相尅。

蓋造官衙章第一百十五

官府自占，世與官星皆宜旺相，子孫持世及子孫動者，且勿行之。卦㊲變尅絕，反招奇禍；六沖化合，必獲奇祥。

㊱『同居』，共同住在一處。——鼎升註

㊲『卦』，原本與敦化堂本俱作『尅』，當誤，據李紱抄本改。——鼎升註

占衙宇章第一百十六

野鶴曰：凡占舊衙署[58]者，與占舊家宅同斷。有因人口多病，有因連任傷官，有因久不陞轉，有因鬼祟現形，亦可指其所疑而卜。

曾因衙署連任不利於官府，若非降削，即見凶亡，迎於府中，卜過半月，但有所疑，俱曾卜過，皆不現爻。又卜後溝從後流宜否？

戌月己亥日，占得鼎卦——

勾陳		丶	巳火	兄弟
朱雀	應	〃	未土	子孫
青龍		丶	酉金	妻財
元武		丶	酉金	妻財
白虎	世	丶	亥水	官鬼
螣蛇		〃	丑土	子孫

斷曰：即此處也，速宜改往東流。後開溝，見許多屍骸白骨。予始悟曰：虎鬼持世，是以有之。

---

[58]『衙署』，官署。——鼎升註

又請占一卦，修溝之後何如？得噬嗑之无妄——

六親	五行	爻	世應	變
子孫	巳火	丶		
妻財	未土	ㄨ	世	申金 官鬼
官鬼	酉金	丶		
妻財	辰土	〃		
兄弟	寅木	〃	應	
父母	子水	丶		

斷曰：未土財化申金官，未年一定高遷。後於申年陞任。應申年者，值官之年也。

蓋造寺院章第一百十七

大抵與家宅同推。不宜六⑤⑨沖變沖、卦變墓絕、及反吟伏吟。住持⑥⓪與山主⑥①占者，皆宜世旺，日月動爻相生；宜子孫爻動，忌官鬼爻興。兄爻持世，多費無益之財；官鬼持世，疾病災殃之累。兄爻動而尅世者，欲造福反成禍胎；財官生世者，雖乏鈔，自有增助。子孫旺相而化進神，多招徒弟；財爻休囚而化退者，有始無終。

---

⑤⑨『六』，原本與敦化堂本、李紱抄本俱作『正』，當誤，據如意堂本改。——鼎升註

⑥⓪『住持』，主持一個佛寺的僧尼或主持一個道觀的道士。——鼎升註

⑥①『山主』，占有山地的人。——鼎升註

李我平曰：卜筮諸書二十餘種，所論家宅，理不歸一，不知昔賢是何主見？《卜筮大全》：『初井、二竈、三床、四門、五爻爲人、六爻棟宇。』《黄金策》：『初爻宅基、二爻宅舍、三爻爲門、四爲父母、五兄弟、六妻財。㊷』《易冒》以『初爻爲幼、二爻爲妻、三弟、四母、五爻爲父、上爻爲老㊸』。他書俱各不同，不暇細具。《易冒》又云：『鬼動於內，宅室之災；鬼動於外，人丁之咎。㊹』既以二爻爲妻、三爻爲弟，假令內爻鬼動，宅室之災乎，弟妻之咎乎？至於五行之鬼、八宮之鬼，既以之定官災火盜，又以之定頭目手足病災：彼謂『火鬼主回祿』，『鬼在乾宮，主頭目之患』，若以一卦而兼斷，豈失火盜之家，必染頭目之病耶？又曰：『合爲門，沖㊺爲路，不論卦內之有無。㊻』但要暗沖與暗合。假使有沖無合，有合無沖，豈有門無路之家耶？殊不知占家宅之趨避，願人口以爲安，財福旺而宅興，鬼兄靜而家寧，於斯而已，何必多生枝葉，以亂後人耳目？

㊷《卜筮全書・黄金策・家宅》原文作：『內卦：初爻爲宅基，二爻爲宅舍，三爻爲門外；外卦：四爻爲父母，五爻爲兄弟，六爻爲妻財。』——鼎升註

㊸《易冒・家宅章》原文作：『又有上老下幼、五父二妻、四母三弟，而六爻分其不利也。』——鼎升註

㊹《易冒・家宅章》原文作：『鬼爻動內，宅室之災；鬼爻動外，人丁之咎。』——鼎升註

㊺『沖』，原本與敦化堂本、李紱抄本俱作『衝』，『衝』為『沖』的俗寫，在此處當誤，據文意改。——鼎升註

㊻原文出自《卜筮全書・黄金策・家宅》。——鼎升註

塋葬⑥⑦章第一百十八

野鶴曰：卜塋卜穴，古法之謬與家宅相同，後賢考諸書而自曉。予因求驗之法，每遇拜掃⑥⑧之時，到各塚⑥⑨上命伊⑦⁰占之；或知人覓地，就而占之：如此多年，始得其秘。

尋地章第一百十九

世爻旺相，祖父魂安；福德興隆，兒孫綿祀⑦①。

古以『二爻爲穴、內卦爲穴、塍蛇爲穴』，屢試不驗。所驗者，世爲穴也。世宜旺相，或臨日月，或日月動爻生扶，乃吉地也。兒孫乃祭祀之裔，宜於持世，或在他爻旺相，振振螽斯⑦②。

三合六合，聚氣藏風；世沖六沖，飛砂走石。

---

⑥⑦『塋葬』，猶喪葬。——鼎升註

⑥⑧『拜掃』，在墓前祭奠。——鼎升註

⑥⑨『塚』，音zhǒng【腫】。高大的墳墓。泛指墳墓。——鼎升註

⑦⁰『伊』，人稱代詞。他；她。——鼎升註

⑦①『綿祀』，綿延不絕的祭祀。——鼎升註

⑦②『螽斯』，俗稱蟈蟈，綠色或褐色的昆蟲，善跳躍，善産卵。《詩經·螽斯》詩云：『螽斯羽，詵詵兮，宜爾子孫，振振兮。』『詵詵』爲衆多，『振振』爲仁厚，乃是祝人多子多孫的詩歌。『螽』，音zhōng【忠】。——鼎升註

卦逢六合，或世與子孫爻作六合，乃藏風吉穴，代代興隆；若得六沖卦，或六沖變六沖，或世應相沖，沖者，散也，必無氣脉⑦③。

六沖變合，地已去而復來；六合變沖，形已成而復失。

此有兩說：六沖變合者，或是先求此地而不得，後復得之；或是地運已衰，真龍早去，今復重來。凡得此者，再得世遇子孫旺相，急宜用之。曾驗數占，綿綿科甲⑦④。

六合變六沖者，或是已得之地而復失，或是地運將衰，龍⑦⑤將去矣，不宜用之。

世旺而化絕破，吉處藏凶；世衰而化生合，凶中有吉。

世爻雖旺，不宜化破及化墓絕、化回頭尅，主先得吉地，後有破綻，若非將來下葬不得吉日，定因葬後被人傷損，吉變爲凶之象；世若衰弱，動而化回頭相生、化長生帝旺、化日月、化合、化進神者，先否後泰之兆，目下觀⑦⑥其形勢，雖是財丁⑦⑦之地，將來地運興隆，變成富貴之大地也。

---

⑦③『氣脉』，風水學中稱山水走向中的靈氣。認爲宅基、墓地是否靈氣所鐘，足以决定住者或葬者一家的禍福。——鼎升註

⑦④『科甲』，漢唐兩代考選官吏後備人員分甲、乙等科，後來因稱科舉爲科甲。——鼎升註

⑦⑤『龍』，堪輿家喻指山勢，因山脉逶迤起伏如龍形，故稱。龍脉，即山水氣脉。——鼎升註

⑦⑥『觀』，原本與敦化堂本俱如此，李紱抄本作『視』。——鼎升註

⑦⑦『財丁』，錢財和人丁。『財』，原本與敦化堂本俱作『才』，據李紱抄本改。——鼎升註

如寅月戊午日，占地。得頤變无妄——

朱雀　青龍　元武　白虎　螣蛇　勾陳

　　　世　　　　　　　應

丶　ㄨ　ㄨ　〃　〃　丶

寅木　子水　戌土　辰土　寅木　子水

兄弟　父母　妻財　妻財　兄弟　父母

　　　申金　午火

　　　官鬼　子孫

斷曰：世爻戌土，春天休囚，化出午火子孫回頭生世，日、月、世爻共成三合。青龍戲水，以化長生，水源極遠，只因申爲月破，戌土尅子水，又被日辰沖散，春夏有水，秋冬必乾。彼曰：正是如此。予曰：不妨，不可求全責備。卦中日、月、世，與子孫共成三合，亡者安而生者樂，子孫昌盛，何愁不發？後竟葬之。辰年下葬，酉年孫中亞魁⑱。及至子年，次孫又登鄉榜⑲。

---

⑱『亞魁』，古代泛指科舉考試第二名。『魁』，即『五經魁』。明清科舉制度，考生於五經試題裏各認考一經，錄取時，取各經之第一名合爲前五名，稱『五經魁（因分房關係，實際不止五名）』。——鼎升註

⑲『鄉榜』，代指鄉試中式者，即舉人。——鼎升註

世化進神，千秋綿遠；福德化進，百代蒸嘗⑧⓪。

世宜旺相，化進神、化日月、化回頭生、化合、化長生帝旺，龍安水聚，地脉源長。子孫旺相，化進神、或化合化生、化日月、化旺相，賢孫貴子，布滿朝堂⑧①。世化退神，終須遷改；子孫化退，代代不如。

日月宜生福德，動爻不可傷身。

世與子孫爻，宜日月動爻生扶，不宜日月沖尅。

旺世臨虎，棺上加棺；旺福逢龍，寅葬卯發。

世臨白虎鬼爻，或是隨鬼入墓，皆主地有伏屍；世爻旺相，又遇生扶，乃爲棺上加棺。曾見兩人葬者，後竟大發。休囚者則不可耳。子孫旺相，又遇日月生扶，又逢青龍，即爲吉地。寅年葬，卯年發者，言其發旺之速也。

---

⑧⓪『蒸嘗』，古代冬祭爲蒸，秋祭爲嘗。後泛指祭祀。——鼎升註

⑧①『朝堂』，漢代正朝左右官議政之處。亦泛指朝廷。——鼎升註

申月戊子日，占塋地。得剝卦——

朱雀	青龍	元武	白虎	螣蛇	勾陳
	世			應	
丶	〃	〃	〃	〃	〃
寅木	子水	戌土	卯木	巳火	未土
妻財	子孫	父母	妻財	官鬼	父母

斷曰：子孫持世遇日辰，申月生之，青龍戲水，水由左旋，旺相必近大河，不然亦有長流之水；白虎卯木，子卯相刑，爪牙埋伏；應爲向山，火逢水尅，向山不高；戌爲案山[82]，戌土尅水，案山略高。彼曰：一一皆是。予曰：宜速葬之，今冬就發。果於八月安葬。至十月，次子忽立奇功，加級超陞[83]，次年四月，開府[84]元戎[85]。長子從無所出[86]，次年得子。

---

[82]『案山』，簡稱『案』。別稱『近案』、『前案』、『迎砂』、『中陽』。指穴山近前的矮山。堪輿家謂其有助於蓄聚穴山之氣。——鼎升註

[83]『超陞』，越級提陞。——鼎升註

[84]『開府』，古代高官（如三公、大將軍、將軍等）自選僚屬開設府署，稱爲『開府』。清代特指任總督、巡撫者爲開府。總督一般爲正二品官員，亦有從一品或正一品官員，轄一省至三省，一般轄兩省。另有河道總督、漕運總督等。巡撫一般爲從二品官員，亦有正二品官員，每省一人，爲一省之長。——鼎升註

[85]『元戎』，主將，統帥。——鼎升註

[86]『出』，生育。——鼎升註

又如卯月壬寅㊇日，占尋地。得澤火革變既濟——

	〃	未土	官鬼	
	、	酉金	父母	
世	○	亥水	兄弟	申金 父母
	、	亥水	兄弟	
	〃	丑土	官鬼	
應	、	卯木	子孫	

父母爲用神。申金父母回頭而生亥水，世爻雖則休囚，逢生爲旺，只嫌寅日沖去申金，必到今秋七月當令，始得其地；父臨申酉，地在西南；所得者，乃財㊈丁之地，至中年，龍興運至，發旺不小；世衰而化生，凶中有吉。果於七月得地於西南，卯年安葬，酉年長子登科，三男亦中武魁。

散墓絕空，世與子孫勿見；化尅化鬼，弟兄妻子休逢。

世爻子孫爻，不宜休囚墓絕空破，不宜動逢破散，及化破散、化絕、化墓、化鬼、化退神、化回頭尅，但逢一者，皆非吉地。

六親不宜化鬼。父化子、子化父，鬼化子、子化鬼，兄化鬼、鬼化兄，兄化財、財化兄，財化鬼、鬼化財，此不宜於兄弟妻兒。有父母在堂，亦不宜鬼化父、父化財、財化父。

㊇『壬寅』，原本作『壬』，敦化堂本作『寅』，俱當誤，據李紱抄本與文意改。——鼎升註

㊈『財』，原本與敦化堂本俱作『才』，據李紱抄本改。——鼎升註

應沖合處逢沖，流移遷徙；反伏卦變化剋，洪泛[89]陵夷[90]。

擇地，不獨不喜六沖卦，應沖世者，亦非吉也；倘世應相合、爻逢六合、世應子孫三合成局，即爲美地[91]。卦得伏吟，遇沖開之年月必遷；卦得反吟，遇沖年沖月必變；內外反吟者，乃卦變也，如巽變乾、坤變震之類，名爲化絕化剋，得此卦者，重則衝決，輕則遷徙。

如卯月戊子日，占地。得巽之升——

世　　　　應
○　○　〃　、　、　〃
卯木　巳火　未土　酉金　亥水　丑土
兄弟　子孫　妻財　官鬼　父母　妻財
酉金　亥水
官鬼　父母

世爲穴。世臨月建，子日生之，是爲吉也，但不宜外卦反吟，世被酉金沖剋，子孫被亥水沖剋，不宜用之。彼曰：已買成矣。予曰：不葬何妨？又曰：地師[92]以爲美地。後竟葬之。四年之內，二男一女，相繼而卒，自身又得半身不遂之疾。愚人不怨於己，反怨祖父，起材暴露而不葬。遲二年身死，一同暴

[89]『洪泛』，洪水泛濫。——鼎升註
[90]『陵夷』，也作『淩夷』。衰敗；衰退。——鼎升註
[91]『美地』，風水好的墓地。——鼎升註
[92]『地師』，指看風水好壞的人。——鼎升註

露，竟至沒後。應酉年者，謂之再沖之年。[93]

父化父，兒孫夭折；子化子，子女成行。

卦中不宜父動，父動化父更凶；子孫化子孫，不遇傷尅，代代兒女成行，决非單傳。

占地形勢章第一百二十

世旺遇長生，來龍[94]甚遠；世衰逢應尅，對案山欺。兩間旺而明堂[95]寬，龍虎衰而左右陷。左山旺，頭角崢嶸；右山衰，爪牙埋伏。朱雀遇刑沖，前山雜亂；元武逢破散，後脉空虛。龍虎世爻合局，虎踞龍蟠；水土世應相合，山環水遶。水口[96]不固，上爻一定逢空；道路參差[97]，螣蛇必然破散。世爻當令，又長生帝旺於日辰，來龍遠大。倘若應爻沖尅世爻者，必因對山高聳，或因臨葬錯對向

---

[93] 自『後竟葬之』至『謂之再沖之年』，李紱抄本作『辰年葬後，男女相繼而卒，自身亦得不仁之疾，至酉年而死，遂致絕嗣。應酉年者，謂之再沖之年』。——鼎升註

[94] 『來龍』，風水學中以山勢爲龍，稱其起伏綿亘的姿態爲龍脉。來龍，指龍脉的來源。——鼎升註

[95] 『明堂』，堪輿家稱穴前平坦開闊、水聚交流的地方。——鼎升註

[96] 『水口』，指穴山前水流出口處。堪輿家謂其勢宜迂迴收束，有重山關攔；若曠闊直去，則生氣外洩，不利穴氣融結。——鼎升註

[97] 『參差』，長短、高低不一致。——鼎升註

山；如應爻受剋者，無礙，改向可也。世應中間兩間爻以爲明堂，旺相者，明堂寬大；休囚者，明堂斜陷。近世之爻而爲案山，亦不可剋世。青龍爲左山，虎爲右山，兩山旺者，有環抱之勢；俱衰者，不能環抱。大抵青龍宜旺宜扶，頭角軒昂；虎山宜衰宜剋，爪牙埋伏。朱雀遇刑沖剋散，及破墓絕空者，前山雜亂；元武逢者，後脉空虛。若得世應龍虎子孫，共成三合者，乃虎踞龍蟠之大地也。第六爻爲上爻，若逢空破，水口不固；逢絕者，水涸泉枯。看河道之水者，非論水口，須看卦中之水爻：休囚被剋，漲退不常；逢生化生，長流源遠；再遇青龍，源長而秀。螣蛇爲路，如逢沖散，小路必多；旺相者，必有官道。勾陳爲田坡，旺相則有，衰破則無。

如丑月庚申日，占地形勢。得咸卦——

螣蛇	應	丶丶	未土	父母
勾陳		丶	酉金	兄弟
朱雀		丶	亥水	子孫
青龍	世	丶	申金	兄弟
元武		丶丶	午火	官鬼
白虎		丶丶	辰土	父母

青龍持世，日辰臨世，來龍由左而至，旺而有氣；左右皆無傷剋，龍虎環抱；向山未土雖臨月破，朱雀亥水爲前山，申日生之，必有朝水⑱，或是帶水，水有其源；螣蛇爲路，上爻爲水口，俱臨月破，道路參差，水口散亂；兩間爻旺相，明堂寬大。彼曰：果一一無差。此地吉否？予曰：此乃占地穴之形

⑱『朝水』，指穴山前方深緩環遶的水流。堪輿家謂其當面朝穴，則穴氣吉貴。——鼎升註

勢耳，非關[99]吉凶禍福。予笑前賢，以一卦而斷[100]父子弟兄妻財官祿，予豈效顰[101]耶？若問功名，再占一卦，禱於神曰：安葬此地，我名成否？以《官祿章》中斷之；發財否？以《求財章》內斷之；子孫旺否？[102]傷剋父母兄弟妻妾否？皆在《身命[103]章》中、《父母、兄弟章》內斷之。若以占形勢之卦兼斷六親及名利者，即如此卦，兄弟持世，乃貧乏破耗剋妻之神，況卯木財爻伏於午火之下，洩氣之木，又被金傷，勢必兼而斷者，乃傷妻死妾、剋害奴僕、貧乏艱難、無衣而乏食矣。請試思之：既得如此吉地，若使家徒壁立[104]、抱枕孤眠，亦可謂之吉地耶？所以予得分占之法，實則可以醒世，作千古不易之法也。

或曰：前說『父不宜旺』、『不宜父動化父』，是何說也？予曰：占地，以世爻子孫爻爲主，父動剋子，如何不忌？或又問曰：前說『化剋化鬼，兄弟妻子休逢』，又何說也？予曰：凡占地者，世與子孫爻旺，即可用之，至於父母兄弟妻財功名，須宜另占一卦，不可兼斷。倘若得地之凶，不待另占，即此占地之卦而先現出。六親化鬼、鬼化六親，即是刑傷之地耳，止看六親動而化剋化鬼，不必看衰旺空破

---

[99]『關』，原本與李綾抄本俱如此。敦化堂本作『問』，當誤。——鼎升註

[100]『斷』，敦化堂本作『兼斷』。——鼎升註

[101]『效顰』，即『東施效顰』。典出《莊子・天運》：『西施病心而臏（同『顰』，皺眉）其里，其里之醜人見而美之，歸亦捧心，而臏其里。』後人稱故事中的醜人爲東施，將機械模仿者叫做『東施效顰』或『效顰』。『顰』，音pin【貧】。——鼎升註

[102]『以《官祿章》中斷之；發財否？以《求財章》內斷之；子孫旺否？』，敦化堂本無。『官祿章』，原本作『官祿宮』，當誤，據民國錦章本與廣益本改。——鼎升註

[103]『命』，原本無，據敦化堂本與文意補。——鼎升註

[104]『家徒壁立』，家裏只有四面的墻壁。形容十分貧困，一無所有。——鼎升註

刑沖。神兆機於動，動而化凶，顯然而告我也，我豈棄而不看，又另占耶？

卜得地於何時章第一百二十一

世爲用神。靜者逢沖逢值，動者逢值逢合。世空者，沖實之秋；世破者，填實之候。逢合入墓，須待沖開；獨靜獨發，值之而遇。世若休囚須旺相，若逢旺相待休囚。

世爲塋地，靜者，逢沖逢值之年月。

即如世值子水者，應在子午年月；動者，應在丑年月，亦有應子年。餘倣此。

空者，沖空實空之年；世破者，實破之年；世逢三合六合，或世爻化合，或墓⑩⑤於日辰，或化墓，皆應沖開之日。卦中一爻獨發，一爻獨靜，亦應逢值之年⑩⑥，動逢合、靜逢沖：即如卦中子爻獨動，應在子丑年；如子爻獨靜，應在子午年。餘倣此。

---

⑩⑤『墓』，原本作『暮』，顯誤，據敦化堂本與李紱抄本改。——鼎升註

⑩⑥『逢值之年』，敦化堂本作『逢值逢合』。——鼎升註

又如辰月乙卯日，占何時得地。得復之屯——

元武		〃	酉金	子孫		
白虎		ㄨ	亥水	妻財	戊土	兄弟
螣蛇	應	〃	丑土	兄弟		
勾陳		〃	辰土	兄弟		
朱雀		〃	寅木	官鬼		
青龍	世	丶	子水	妻財		

斷曰：亥水財爻獨發，拱扶世爻，被戊土回頭剋制，今爲月破，九月實破，戊土更旺，交冬[107]水旺而得矣。彼曰：得在何方？予曰：占此應此，占彼應彼。如問何方，再占一卦。

[107]『交冬』，立冬。——鼎升註

得地於何方章第一百二十二

野鶴曰：卜得地於何時，還以世爻爲用；卜得地於何方，當以父爻爲用也；已葬之後，皆以父爻爲用可也。

父值亥子⑩⁸，北方自有吉穴；父臨巳午，東南必獲牛眠⑩⁹；父值土爻，得地於辰戌丑未之方；父爻臨木，東北寅卯堪尋；父臨申酉，地在西南。

間有驗於墓方者：即如父母爻屬木，得地於未方；父母屬金，得地於丑方。餘倣此。

占地師章第一百二十三

應爲用神。旺相生合世爻，雖愚亦用；休囚沖尅世位，賢亦不宜。世應俱空莫訪，應臨空破非奇。

應爻旺相，與世爻相生相合，或與世爻作三合，不論應臨財⑪⁰鬼兄父，人毀之而無才，我喜之而有緣；休囚沖尅世爻者，即使應臨官父，他有博學，我被他愚。世應皆空，彼此無緣；應逢空破，無才無德。

---

⑩⁸『子』，李紱抄本作『水』，當誤。——鼎升註

⑩⁹『牛眠』，即『牛眠地』，指有利於後代陞官發財的墳地。典出《晋書·周訪傳附周光》：『初，陶侃微時，丁艱，將葬，家中忽失牛而不知所在，遇一老父，謂曰：「前岡見一牛眠山汚中，其地若葬，位極人臣矣。」又指一山云：「此亦其次，當世出二千石。」言訖不見。侃尋牛得之，因葬其處，以所指別山與訪。訪父死，葬焉，果爲刺史，著稱寧益。自訪以下，三世爲益州四十一年，如其所言云。』——鼎升註

⑪⁰『財』，原本作『才』，據李紱抄本改。——鼎升註

點穴[111]章第一百二十四

世在初二爻，穴宜下；在五六爻，穴在於上；三四爻，穴宜於中。水持世爻，穴近於水，或是坑窩之地；世臨土者，即於高堆點穴；世臨寅木，叢木盛草之方；申酉持世，石塊石堆；火乃枯焦，紅泥、焦土，及草木枯焦之處是也。

如未月乙巳日，占穴。得大壯——

兄弟	戌土	‖	
子孫	申金	‖	
父母	午火	、	世
兄弟	辰土	、	
官鬼	寅木	、	
妻財	子水	、	應

此地經過法眼[112]，皆言其吉；久占此地，亦許其吉。因屢掘逢石，無處尋穴，央予到塚，卜得此卦。予曰：世在四爻，穴在中段。因午火持世，即往中段觀看，見有一處草木枯焦，有幾朵野花紅色，別處皆無。予曰：即此穴也，掘之必逢土穴。東家[113]尚疑。予曰：我有一法，將錢一文點記紅硃，亂入數百錢內，公可設下香案[114]，禱告於天，得紅硃錢者，即其穴也。令人遍地灑之，果得硃記之錢於紅花之下。掘

---

[111]『點穴』，堪輿家語。指擇定龍脉結穴處，作安墳立宅之所。——鼎升註

[112]『法眼』，佛教指能認識到事物真相的眼力，泛指敏銳深邃的眼力。此處指高明的堪輿家。——鼎升註

[113]『東家』，受人僱用或聘請的人稱他的主人。——鼎升註

[114]『香案』，放置香爐燭臺的條桌。——鼎升註

之，僅有周圍丈餘皆泥土也，餘皆石塊。此公次年開府，兩公郎五年之內俱登甲榜⑮。

謀地偷葬章第一百二十五

覺子曰：謀地偷葬，乃損人利己之事，以此喪心之爲而問於神，卦若有靈，是神教人而作喪心之事也！殊不知先有心地⑯，而後得遇陰地⑰。昔有人恃財倚勢，欺陷貧人，謀奪其地以葬親，後遇識者而曰：此地不發，必無地理⑱；此地若發，必無天理⑲！既有天理循環之報，能久遠昌盛者，未之有也。⑳

（鼎升曰：明人蔣一葵《堯山堂外記》中，有一則南宋理學家朱熹斷案的故事，或爲此章故事之原型：文公爲同安主簿日，民有以力强得人善地者，索筆題曰：『此地不靈，是無地理；此地若靈，是無天理。』後得地之家不昌。

又，明人凌濛初《二刻拍案驚奇》中也記載了一則大意相同的朱熹斷案的故事：『當日在福建崇安縣知縣事』，有一小民設計謀奪大姓『山明水秀，鳳舞龍飛』的絕佳風水之地，

⑮『甲榜』，元明以來稱進士爲甲榜，因以指中進士的人。敦化堂本作『甲第』。——鼎升註

⑯『心地』，指對人的情意、用心；器量，心胸。——鼎升註

⑰『陰地』，墳地。如意堂本作『蔭地』，其註指『蔭地』爲『吉地』。——鼎升註

⑱『地理』，堪輿術的別名。與『天文』對言。『理』，指紋理、脉絡及變化規律。——鼎升註

⑲『天理』，天道；天然的道理。——鼎升註

⑳海洋本後有『後果雷擊其墓壞，此地理也』一句。——鼎升註

朱熹『把墳斷歸小民，把大姓問了個强占田土之罪』。事後查明真相，朱熹『不覺兩頰通紅，悔之無及，道：「我前日認是奉公執法，怎知反被奸徒所騙！」一點恨心自丹田裏直貫到頭頂來。想道：「據著如此風水，該有發跡好處；據著如此用心貪謀來的，又不該有好處到他了。」遂對天祝下四句道：此地若發，是有地理；此地不發，是有天理。祝罷而去。是夜大雨如傾，雷電交作，霹靂一聲，屋瓦皆響。次日看那墳墓，已毀成一潭，連屍棺多不見了』。）

祖塋舊塚章第一百二十六

祖父之墓，或葬多年，或葬未久，如來卜者，必有其因，須宜審明，方可決斷。
有因連年困苦，疑墳塋之不利。
有因屢科不發，或有子入場，疑此風水可能發科甲否？爲己者，須宜自占；爲子孫者，命子孫來占。
有因仕途⑫蹭蹬⑫，連歲不陞，疑其風水有礙。
有因子孫不存，疑其風水相關。
有因六親中，父母兄弟妻兒或自身多生災病，疑因風水所致。
有因連年官非火盜。

---

⑫『仕途』，陞官的路徑。——鼎升註
⑫『蹭蹬』，比喻人的困頓失意。——鼎升註

有因風水被傷，卜其何法而修補。

有因閑問祖塋有地脉否。

有問祖塋有傷損否。

皆以父母爲用神。

卦遇六沖，全無地脉；卦變化絶，勢若倒懸[123]。爻遇伏吟，欲遷不遂；反吟卦現，不遷亦遷。卦變六沖龍已去，子孫有淩替[124]之危；沖中變合運將來，後代有興隆之象。

正卦六沖，變卦六沖，全無脉氣；卦變化尅，如倒懸之勢，危之急矣，凶災立至。伏吟卦，地脉全無，雖有遷意而不能遷；卦得反吟，心不欲遷而終遷矣。卦變六沖，有龍已去，子孫從此衰頹；六沖變合，先無地脉，目今地運將興，後代從此發矣。

父母旺相，祖墳安然；墓絶休囚，後裔零落[125]。

已葬之地，父母爲用，宜旺相，或日月動爻生扶，或動而化生、化日月、化比助、化進神，乃吉地也，兒孫興發之象，亡者安而生者樂；旺而又遇帝旺長生者，來龍久遠，世代興隆。不宜墓絶空破，及動而破散、化破散、化退神、化絶墓、化回頭尅、化旬空，乃凶象也，亡者不安，生者寥落[126]。

---

[123]『倒懸』，比喻處境非常困苦危急。——鼎升註

[124]『淩替』，衰落；衰敗。——鼎升註

[125]『零落』，敗落。——鼎升註

[126]『寥落』，稀疏；稀少。——鼎升註

世爻變鬼，占者不祥；鬼化六親，各屬不吉。

世爻變鬼，及隨墓助傷，所占之人不吉；兄弟妻子動而化鬼，鬼化弟兄父母妻子者，查其所犯而斷也。又有子命化鬼，鼠命者殃；午命變鬼，馬命不利。餘倣此。

野鶴曰：古以『父爻不宜旺相』，『父旺父動，子孫不安』，予以爲謬。占舊塚，以父爲用神，父母旺相及動而化吉，祖父安然。又扯到傷尅子孫者，是宜旺耶，不宜旺耶？惟子孫動而化鬼，及父動化子孫，不利於子孫者是也。

因何事所傷章第一百二十七

野鶴曰：須宜另占，不可以前卦兼斷。專看沖尅父母之爻爲忌神，如得六爻安靜，父母有氣，久後自安，不必修補。

尅神臨火，或臨朱雀，禍必起於窑竈；倘臨土動，或兼元武，定因偷葬相傷；金虎因受其驚；木龍有蟠根127之礙；尅神以帶螣蛇，蛇蟻爲巢；土鬼勾陳，挖掘動土；元武臨水，水浸衾棺。

尅神臨火，恐近處開窑作竈，或因火燭128之事；土尅父母兼元武者，必有偷葬；臨勾陳螣蛇者，築墻蓋屋，以致相傷；金虎地震山搖；木虎砍伐樹木；木逢龍動，穴下有竹木根傷；火與蛇興，塚內有蟻蛇爲害；元武水爻尅父母，穴中黑水相侵。

127『蟠根』，盤曲的根。——鼎升註

128『火燭』，泛指可以引起火災的東西。——鼎升註

父母被沖，地風水浸；金尅父母，石塊山崗；水沖尅者，低窪泉湧；木爻尅父，樹木相傷；火尅者，穴藏蛇蟻；土動者，蓋造墻垣。

父母爻被日月動爻沖尅，及卦動化沖，如在艮坤之宮，卦得亥卯未合成木局尅父，必有地風沖歪棺槨[129]；如在離宮，卦得申子辰水局尅父者，穴中水湧，水泛棺歪；如在震巽之宮，金局沖尅者，山崗石塊；如在乾兑之宮，逢火局沖尅父母者，定因窰火雷驚。爻中水動，地窪水浸；卦得木動，竹木根藤；火主蟲蛇；土因動土。果有犯之，速宜修補。

爻無亂動，須觀五行之有無；卦若安逸，又看地支之缺陷。

六爻安静，並無沖尅父母之爻者，又看五行之所少也：卦中無土，須築墻垣；卦無金星，石碑可立；六爻火星缺陷，可立烟竈，或安看守墳塋之宅舍；水爻不現，可作池塘及開河道；木爻不現，多栽樹木。此言五行之所少者，非獨不上卦也，有現於爻，空破墓絕無氣者，亦如無也。

---

[129]『槨』，音guǒ【果】。古代棺木有兩重，外爲槨，内爲棺。——鼎升註

如未月己巳日。

	ヽヽ	未土	父母	
應	ヽ	酉金	兄弟	
	ヽ	亥水	子孫	
	ㄨ	卯木	妻財	亥水　子孫
世	ヽヽ	巳火	官鬼	
	ㄨ	未土	父母	卯木　妻財

此位而卜祖塚。予曰：因何事而卜？彼曰：當年地師曾許(130)此地，葬後必出科甲。愚弟兄四人，俱忝(131)在庠(132)，並無發者。何也？予曰：墓(133)傍必有大樹。答曰：果有。葬時還小，連年茂盛而長大矣。予曰：樹根長到棺傍(134)，棺被損矣。彼曰：何法(135)治之？予曰：須在墳傍挖一小坑以探之，果有根者，於遠

---

(130)『許』，應允，認可，承認其優點。——鼎升註

(131)『忝』，音tiǎn【舔】。辱沒，愧於。後常用做謙詞。——鼎升註

(132)『在庠』，明清時代，凡經本省各級考試，取入府、州、縣學的秀才，稱爲『在庠』。『庠』，音xiáng【翔】。古代的地方學校，多指鄉學。——鼎升註

(133)『墓』，原本作『樹』，當誤，據敦化堂本改。——鼎升註

(134)『傍』，原本作『榜』，顯誤，據敦化堂本與前後文意改。——鼎升註

(135)『法』，原本作『發』，顯誤，據敦化堂本與李綋抄本改。——鼎升註

處挖一大坑，令人入之，橫挖一坑以到墳傍，將利鏟輕輕去之，仍命道安墳則吉。貴昆仲(136)之發者，須令本人自占；親翁下科太歲在午，拱起世爻巳火之官，管許高發。果依此行，即於午歲登科。

修補秘法章第一百二十八

因竈竈而傷者，命道祭火神(137)、設火醮(138)而安之；偷葬及動土相傷者，命道設醮以安土神；因受驚恐而傷者，命道設醮安墳；或因有竹木蟠根及石塊相傷者，須於墳傍挖坑三尺以探之，輕輕去其竹木石塊，仍命道安墳則吉矣；因蛇蟻爲巢者，多栽苦楝樹(139)，其蛇蟻自散，勿信人言以焚其巢穴，傷損性命，予曾親見兩家見蛇爲巢，用火焚之，後子孫衰敗不堪；倘穴中因水淹沒者，若有消水之處，設法以消之，倘因地窪，終無消水之法，不得不擇地而遷也；或因地風吹歪棺木者，前後挖坑一二(140)尺以探之，若果歪者，仍歸於正向，命道安墳則吉。

---

(136)『昆仲』，對別人兄弟的稱呼。——鼎升註

(137)『火神』，神話中司火之神。——鼎升註

(138)『火醮』，超度火中亡魂的法會。『醮』，音jiào【叫】。道士設壇念經做法事。——鼎升註

(139)『苦楝樹』，原本與李紱抄本俱作『苦練樹』，敦化堂本作『若練樹』，俱當誤，據臺灣武陵本與如意堂本改。『苦楝樹』，又稱『苦楝』、『楝樹』。樹皮可提苦楝素，用來驅除蛔蟲等。『楝』，音liàn【練】。——鼎升註

(140)『一二』，敦化堂本作『二三』。——鼎升註

再占修補吉凶章第一百二十九

子孫持世子動搖，修之則吉。

既問修補之吉凶，則以世爻爲用也。子孫持世、子孫發動，修之必獲清安。

官鬼剋世父爻空，遷則獲福。

鬼剋世，我必有害；父爻空破墓絕，再被日月動爻傷剋者，乃因所傷者重，培補亦無益矣，當宜遷之。

覺子曰：古以遷塋之說，謂『父母之墓受傷，兒孫一體之感，致生災禍[141]』，理之有也，遷塋改葬，不得不行。今見世人『富者不貴，改祖墓以求榮；有子不富，遷父塚以求富』，將父母之遺體爲市井[142]之貨利[143]，不意天理難容[144]：身之未榮，家產蕩盡；財之未發，絕滅兒孫。予之目擊者不可勝數，附此戒之[145]。

---

[141]《易冒・塋葬章》原文作：『古之卜地，以安親之遺體，而非有他求，然一體之感，安危亦應後裔。所以子孫爲祭祀，而不可衰也；世爲主穴，而不可虛也：斯二者，地理之要也。』——鼎升註

[142]『市井』，街市；市場。——鼎升註

[143]『貨利』，貨物財利。——鼎升註

[144]『天理難容』，做事殘忍，滅絕人性，爲天理所不容。『天理』，天道。——鼎升註

[145]『附此戒之』，敦化堂本作『行此者宜戒之』。——鼎升註

新亡附葬[146]祖塋章第一百三十

六沖變沖、卦變絕剋、父母受傷、內外反吟，須宜他葬；世爻受剋、隨墓助傷、世動化剋化鬼，附葬不宜。

父母兄弟妻兒，動而化鬼化剋，俱有刑傷之事。

惟喜世及六親不逢變剋，卦靜六合，必得存亡之安。

如子月丙申日，占以父柩[147]附葬祖塋。得復之坤——

	⚋	酉金	子孫		
	⚋	亥水	妻財		
應	⚋	丑土	兄弟		
	⚋	辰土	兄弟		
	⚋	寅木	官鬼		
世	○	子水	妻財	未土	兄弟

斷曰：世爻被剋，不宜附葬。後竟葬之。葬不幾日，腰疼欲死，欲遷其墳。予曰：墳不必遷。卦中世爻被剋，幸而旺相，土來剋水，命道安土神則吉。果於安墳而愈。予曰：目下雖不遷改，終有遷移。彼曰：何也？予曰：卦化六沖，不久之象。果於子年死母，起此塚合葬於他處也。

---

[146]『附葬』，合葬；陪葬。——鼎升註

[147]『柩』，音jiù【舊】。裝著屍體的棺材。——鼎升註

李我平曰：《海底眼》云：『一世二世出王侯，世在五爻六爻出孤獨。』此市井⑭⑧之言，何事刊於卜易大道之書？《易冒》曰：『子孫旺而官文得地者，主貴；子孫旺臨財者，主富；子孫旺臨帝旺者，多男；旺遇白虎羊刃者，主武夫；子孫衰破，必出殘疾；子孫臨空，必出僧道。⑭⑨』疑此之論，乃爲代代子孫單傳之家而設也。倘若子孫十有餘人，有富有貴，有文有武，有夭有壽，有多男，有乏嗣⑮⓪，有殘疾者，予以爲六爻全是子孫，亦難分別。以此揣摹⑮①之論，自以爲之得意，殊不知《周易》講理，不尚華辭⑮②，文法雖足可觀，其實令人噴飯⑮③。

增刪卜易卷十二終

---

⑭⑧『市井』，指城市中卑俗之流。——鼎升註

⑭⑨《易冒・塋葬章》原文作：『是故卜地之秘，不遇卦忌，不遇三沖，不遇世墓，世爻實而子孫旺者，盡善盡美矣。子孫旺，而官文得地者，貴；子孫旺，而財得地者，富；子孫旺，而遇帝旺者，多男；子孫旺，而遇長生者，多壽；子孫旺，而遇羊刃白虎者，出武夫；子孫破者，出殘疾；子孫空者，出僧道；子孫絕者，覆宗嗣；子孫散者，主生離；子孫休囚，而帶孤神寡宿者，出四煢；子孫休囚，而帶元武咸池者，出淫奔；子孫受傷於外卦及遊魂者，主暴死他鄉；子孫壞，而帶刃虎及金鬼獨發者，主戮；壞而及水火獨發者，主水災火厄；壞而帶符獄武賊者，主盜訟。』——鼎升註

⑮⓪『乏嗣』，缺乏子嗣。——鼎升註

⑮①『揣摹』，同『揣摩』。仔細推想探求。——鼎升註

⑮②『華辭』，華而不實的話；華麗的文辭。——鼎升註

⑮③『噴飯』，吃飯時大笑噴出飯來。形容非常可笑。——鼎升註

附錄

敦化堂本《增刪卜易・序》

野鶴曰：卜易之道，乃伏羲、文王、周公、孔子四大聖人之心法也。得其精者，可以參天兩地；粗知其理，亦可趨吉避凶。凡學卜者，可以深求，亦可淺學。淺學者，只要先學裝卦，知道動變及卦之六沖、卦變六沖，看熟《用神章》中占何人、占何事以何爻爲用神，再看何爲旬空月破，及春夏秋冬四時衰旺、生尅沖刑，即知决斷禍福。

假令占功名，若得旺官持世，或日月動爻作官星生合世爻，求名如拾芥耳；倘遇子孫持世，或子孫動於卦中，不拘占入場、占陞遷，悉如水中撈月。

如占求財，若得財星持世，或日月動爻作子孫生合世爻，或官鬼持世、財動生之，或父母持世、財動尅世，皆許求財之易，爲長者以折枝耳；若遇兄弟持世，及兄弟爻動於卦中，或世臨旬空月破，何須緣木求魚？

如占一年月令，現任官者，宜官星持世、財動生之，皆許吉慶；若遇官鬼持世，日月動爻作子孫沖尅世爻，或作官鬼沖尅世爻，或世空世破，官破官空，或世動化回頭尅，及子孫持世，皆爲凶兆。

士民而占月令者，最喜財爻及子孫爻持世，管許一歲亨通；若遇官鬼持世，得日月動爻作財星生合世爻者，更主吉利。若無財動生合世爻，而官鬼持世者，必見災非；倘世破世空，及鬼動尅世，多見凶災；兄動尅世，口舌破財。

以上官府、士民占流年者，合世之月則吉，沖世之月則凶。皆不宜世爻變鬼，及化回頭之尅，定見凶危；又不宜財動化父、父化財爻，鬼化父母，必有長上之災；弟兄變鬼、鬼變弟兄，防手足之厄；財

化鬼、鬼化財，財化兄、兄化財，主傷尅妻妾婢僕；子化鬼、鬼化子，父化子孫、子孫化父，小口有傷。青龍天喜，持世生世而有喜；虎鬼發動主孝服；螣蛇朱雀，臨兄鬼動而尅世者，須防口舌；元武臨兄鬼動而尅世者，防賊盜及陰人。

如占避訟防非、仇人爲害；及行江漂海、深入險地、旅店孤眠、窮鄉僻壤、投寺宿廟；或營中貿易、錯買盜物；或見鄰家火起；或聞瘟疫流行；防虎狼、防盜寇；或夜行早起；或踰險偷關；或已入是非之場，心憂禍患；或欲管閑事，恐惹災非；或入病家，以防沾染；或誤服毒物，恐致傷生；或已定重罪而盼赦；或已得險病而防危；或問此物此藥可以服否；或問歹人烈馬傷害我否：凡遇一切防災慮患者，但得子孫持世，及子孫動於卦中，或世動變出子孫，或世動化回頭相生，或官鬼動以相生，即使身坐虎口，管許安如泰山。惟忌官鬼持世，憂疑不解；鬼尅世，災禍必侵；世動化鬼，及化回頭尅者，禍已及身，避之無及：惟世爻空者無憂，世爻破者不利。

占病者，如自占病，若得世爻旺相，或日月動爻生合世爻，或子孫持世，或子孫動於卦中，不拘久病近病，或求神或服藥，立保安康。

近病者，世值旬空，或世動化空，或卦逢六沖，及卦變六沖，不須服藥，即許安痊。久病者，官鬼持世遇休囚，或遇日月動爻尅世，或世值旬空月破、世動化空化破，或卦逢六沖、卦變六沖，或世動化鬼，及化回頭尅者，速宜救治，遲則扁鵲難醫。

占父母病，以父母爻爲用神。若得父爻旺相，或日月動爻生父母，或父動化旺，不拘久病近病，求神服藥，立見安寧。

近病，父爻值旬空，父動化空，或卦逢六沖，不藥而痊。

久病者，父爻值旬空月破，父動化空化破，父動化財、財化父母，卦逢六沖、卦變六沖，或父爻休囚，又被日月動爻沖尅，爲子者須宜急急求醫，親嘗湯藥，勿遠離也。

占兄弟病者，若得兄爻旺相，或臨日月，或日月動爻相生，或兄動化旺化生，不拘病之遠近，立許全安。

近病者，兄爻值旬空，及動而化空，卦逢六沖、卦變六沖，服藥即愈。

久病者，兄爻值旬空月破，及動而化空化破，卦逢六沖、卦變六沖，兄動化鬼、鬼化兄爻，或兄爻休囚，被日月動爻沖尅，急急服藥求神，遲則而難調理。

占子孫病者，子孫爻旺相，或臨日月，或日月動爻生合，或子孫爻化回頭生、化旺，不拘病之新久，服藥求神即愈。

近病者，子孫爻值旬空，及動而化空，卦逢六沖、卦變六沖，不藥而愈。出痘者不宜六沖。

久病者，子孫逢旬空月破，及動而化空化破，卦逢六沖、卦變六沖，子孫動而化鬼、鬼化子孫，父化子、子化父，及日月動爻沖尅者，速宜服藥，遲則難於治矣。

占妻妾病，財爻爲用神。財爻旺相，或臨日月，或日月動爻相生，或財爻化子孫，及化帝旺者，不拘久病近病，治之即愈。

近病者，妻財逢旬空，及動而化空，或爻逢六沖、卦變六沖，何須服藥，即許災除。

久病者，財爻逢旬空月破，及動而化空化破，卦逢六沖、卦變六沖，或財動化鬼、鬼化財爻，兄動化財、財化兄弟，世有盧醫亦難取效。

凡占三黨六親，及官長、師生、婢僕諸人之病，皆於《用神章》內以取用神。

占朋友、外人，以應爻爲用神，理之常也，往往多有不驗者，何也？疑因不甚關切，不誠之故耳。

野鶴曰：客有問於予曰：據爾之言，占卜極易事也。即如占功名，得旺官持世以成名，子孫持世而失望。占疾病，近病逢沖逢空，不藥而痊；久病逢沖逢空，靈丹莫救。如若得此顯然者，自是不難知矣。倘占疾病不逢六沖，用神不遇旬空，旺不旺而衰不衰，凶不凶而吉不吉；又如占功名，官與子孫皆不持世，六爻亂動、財父同興，何以決之？予曰：爾若垂簾賣卜，每日數十之占，未必盡得顯而易見之卦：凶中藏吉、吉處藏凶者有之，必須奥理深求，細心參悟。爾欲自知趨避者，必然卦不亂占，心無雜念，每遇一事，即刻卜之，神不欺人。占名而名成者，即得官星持世；而不成者，子孫即動於卦中。如若問有卦之恍惚，次早潔誠再卜；再遇恍惚者，還可卜之，自然響應。只不可心懷兩事而占：一念之誠則應，若連占兩三事者，則不靈也。又如占疾病，更容易耳！一人有病，一家俱可代占：若是近病，但有一卦爻逢六沖或卦變六沖，或用神值旬空，及用神動而化空者，即愈之疾；久病而逢此者，難治之災也。又如防災慮患，但得子孫持世，便與霹靂同居，管許安然無恙，有何難耶？客曰：古有『瀆之不敢再三』，何敢連占幾日？予曰：因此一語，誤盡卜卦之人！豈不聞『三人占，聽二人之言』？一事既可三處而占，何妨再瀆？然亦有不可再瀆者：以此一事，一刻而連占也！須於次日再卜可也。又有連日亦不可而再瀆者有之：即如占功名，已得子孫持世，我心不悅，必欲求其官鬼持世而後已，此則謂之『再三瀆』也。然予亦有見其再三瀆者，未見神之不應也！予因少年辨復功名，占過七次，竟有六次而得子孫持世，此乃神不厭我多問，屢問而屢報也。又有厭予多問者：即如我問求財，卦已明現有財，我心已知矣，我再問之，神不告矣，而又以我未問之事而告我也。如一日占求財，辰土旺財持世，是我明知辰日得財；次日再占一卦，果於辰日得財否？卦得申金兄動而不得，是何說耶？及至辰日得財，至申日因

他事而破財，始悟辰日之得財者，神已告我，我已知矣，次日而再問之，神不告矣，報我申日而破財也：故知再三瀆者，神亦不見其責，而又報我未問之事也！此事極多。予著此書，傳後賢之秘法者，無他法也：教淺學者，凡遇卦之恍惚，心若未明，多占無礙；倘卦中已明現矣，不可再瀆。至於占病者，一人有病，一家俱可代占，自有顯然之卦。再者，遇事即占，乘此心而未亂，不可多積事情於心，事多心亂，即非一念之誠也。教其深學卜者，後有分占之法，及予所闢諸書之謬，與增其奧，宜細味之。此皆予四十餘年終食不違、須臾不離以得之也，實先賢之所未傳。須宜通前徹尾，細心詳悟，自然巧奪天工，欲參天地之化育、測鬼神之隱微而不難矣！

覺子曰：倘遇急事，卦之恍惚者，一刻亦可連占三五卦。

李紱抄本《雜說附》

一爻動斷變斷

父母當頭剋子孫，病人無藥主昏沉。親姻子息應難得，買賣勞心利不存。
遠望行人書信動，論官下狀理先分。士人科舉登金榜，失物逃亡要訴論。
父化父兮文不實，舉動艱難事非一。父化子兮宜退散，縱然憂病還爲吉。
父化同人憂口舌，用求婉轉須重疊。父化財兮交易利，家長不寧求事拙。
父化官兮家損失，求官却得遷高職。卦無父母事無頭，更在休囚空費力。

子孫發動傷官鬼，占病求醫身便痊。行人貿易身康泰，婚姻喜美是前緣。
産婦當生兒易養，詞訴空論事不全。謁官無貴休進步，守舊常占可自然。
子化子兮陰小凶，舉訟與詞理不同。子化官兮防禍患，占病憂疑盡不中。
子化父兮防産婦，無中生有多頭緒。子化兄兮事不圓，脫詐人情疑莫去。

財爻立用剋文書，應舉求官總是虛。買賣交官財利好，親姻如意樂無虞。
行人在外身將動，産婦求神患脫除。失物靜安家未出，病人傷胃更傷脾。
子化財兮好望財，財化財兮婦主災。財化官兮防走失，財化文書用可諧。
財化兄兮財少成，相知掇賺勿交親。財化子兮宜守舊，托用人情不一心。

兄弟同人剋了財，病人占者哭哀哉。應舉雷同文不一，若是常占定破財。
有害虛詞應累衆，行人出路未回來。貨物經商俱折本，求妻買婢事難諧。
兄化兄兮家不足，兄化財兮財反覆。兄化官兮休下狀，占病難醫須見哭。
兄化文書和改求，人情復喜主無憂。兄化子兮憂可散，若問行人信有頭。

官鬼從來剋兄弟，婚姻未就生疑滯。病困門庭禍祟來，更改動身皆不吉。
出外逃亡定見災，詞訟傷身有囚繫。貿易財輕賭博輸，失物難尋多暗昧。
官化官兮病未安，見貴求官事盡難。官化文書官未順，交加爭競鬼相干。
官化子兮憂自除，常占小口必災危。官化兄兮朋友詐，委託人心不似初。
官化財兮財自得，賭博抽拈却必輸。卦中無鬼休謀事，官員不見總空虛。
此京房斷法，試無不驗，若卦有兩爻動，便不准矣。

六親持世

父母持世身憂否，身帶文書及官鬼。夫妻相合不同床，到老用求他姓子。
子孫持世事無憂，官鬼從來了便休。問失此時應就見，營生作事有來由。
妻財持世益財榮，問卜求財定稱情。更得子孫臨應上，官鬼從他斷不成。
兄弟持世剋妻財，憂官未了事還來。值旺正南憂口舌，身强必定損其財。

官鬼持世事難安，占身不病也遭官。財物時時憂失脱，骨肉分離會合難。

各類用神抄

年時豐歉：以世爲主，財福爲憑。

倩媒説合：占婚以間爻爲主，問媒以應象爲憑。

女家擇婿：以子孫爲主，官鬼爲憑。

收生保産：以應爻爲主，財象爲憑。

選擇乳母：同上。

出繼男女：以用爻爲主，應象爲憑。

承繼續嗣：以子孫爲主，應象爲憑。

更名頂替：以世爻爲主，官鬼爲憑。

求館開設：以世應爲主，財福爲憑。

相資寓所：以父爻爲主，世應爲憑。

恩封誥命：以文書爲主，官鬼爲憑。

文書消息：同上。

謀望成事：以世應爲主，官鬼爲憑。

謀役頂名：以官爻爲主，世象爲憑。

審役輕重：以官鬼爲主，生剋爲憑。

扳人幫役：以世應爲主，官鬼爲憑。
除名脫役：以子孫爲主，世象爲憑。
工匠巧拙：起造以間爻爲主，單占以應象爲憑。
涓選日時：吉則用子孫爲主，凶則用官鬼爲憑。
置產立戶：以子孫爲主，財象爲憑。
寄裝丁產：以世應爲主，福德爲憑。
添丁納使：以財爲主。
雇請人工：以應爲主。
佈種田禾：以財爲主，子孫爲憑。
浼婦育蠶：以應爲主，財爲憑。
養蠶作繭：以子孫爲主，財象爲憑。
桑葉貴賤：以財爲主，子孫爲憑。
憂疑損害：以世爻爲主，子孫爲憑。
防火避焰：吉則用子孫爲主，凶則用官鬼爲憑。
提防盜賊：以官鬼爲主，玄武爲憑。
何處得病：以官爲主，動象爲憑。
病源真假：以官爲主，旺動爲憑。
却避災暑：以用爻爲主，福德爲憑。

僧道賢愚：以應爻爲主，子孫爲憑。
還賽解厄：以子孫爲主，用象爲憑。
奉安神位：以官爻爲主，子象爲憑。
停棺舉殯：以子孫爲主，世象爲憑。
怪夢感應：以動爻爲主，螣蛇官鬼爲憑。
報應雪冤：以官爻爲主，世應爲憑。
察人喜怒：以用爻爲主，生剋爲憑。
探人虛實：以應爻爲主，不空絕爲佳。
用人臧否：以用爻爲主，應象爲憑。
仗托人力：以應爻爲主，不遇空破爲佳。
繼身受産：以世應爲主，財福爲憑。
防老膳終：以用爻爲主，世應爲憑。
養親館友：親族以用爻爲主，他人以應象爲憑。
登舟涉水：以父爻爲主，世應爲憑。
乘車駕馬：占馬以上爻爲主，問車以父爲憑。
關隘津渡：以子孫爲主，世象爲憑。
音書遠信：以用爻爲主，朱雀爲憑。
覓人訪友：以世爻爲主，外卦爲憑。

中途候客：親以用爻爲主，他人以應爲憑。
招賓接客：以應爲主，子孫爲憑。
陪賓優劣：同上。
交朋結友：以世應爲主，生剋爲憑。
糾合夥伴：以世應爲主，生剋爲憑。
變産求財：以應爲主，財爲憑。
捕獵畋漁：以財爲主，世應內外爲憑。
安寄財物：以財爲主，世應爲憑。
取贖人産：以世爻爲主，用象爲憑。
探物真僞：以用爻爲主，不空陷爲佳。
臥床趨避：以三爻爲主，鬼靜爲佳。
壽木喜忌：以用爻爲主，子孫爲憑。
妻僕去留：以財爻爲主，應象爲憑。
訟師美惡：以文書爲主，應象爲憑。
保人强弱：占訟以間爻爲主，問保以應爲憑。
公私見證：占訟以間爻爲主，問中以應爲憑。
憂監慮禁：以官爻爲主，世象爲憑。
離枷出獄：以世爲主，官爲憑。

關提人卷：弔卷以文書爲主，關人以世應爲憑。
回關塌訟：以子孫爲主，世爻爲憑。
公私和息：以子孫爲主，世應爲憑。
申詳允駁：解審以官鬼爲主，招詳以父母爲憑。
營爲囑托：以官爻爲主，不遇絶空沖破爲佳。
送物受返：以應爻爲主，財象爲憑。
昧情隱事：吉則用子孫爲主，凶則用官鬼爲憑。
遺迷失物：以財爲主，子爲憑。
捕捉逃亡：以用神爲主，應爻外卦爲憑。
潛身避難：以子孫爲主，用爻爲憑。
賣身投主：以世應爲主，父母爲憑。
出家修行：以世爲主，金木爲憑。
修真煉性：修釋以金爲主，修道以木爲憑。
坐關不語：以世爲主，子孫爲憑。
持齋受戒：以用爻爲主，子孫爲憑。
開齋破戒：同上。
歸宗還俗：以世爲主，子財爲憑。

習卜先讀《易》說

胡雙湖所載：漢晉至宋《雜記占驗》，及吳甘泉《元明占驗錄》，皆就彖辭爻辭直斷，應若桴鼓；後之占者，但得易辭既合所占之事，即不必拘泥京管，而弁視四大聖人之至訓也。故習卜之功，先須讀《易》。

耶律楚材曰：《易》之初，其以六十四卦示人，占例亦浩煩矣！求君父之道于乾、求臣子之道于坤，婚姻于咸恒漸歸妹，待于需、進于晉，升于升、改于革，行師于師，爭訟于訟，聚于萃、散于渙，以至退于遯、守于困，安于泰鼎，厄于夷蹇，盈于大有豐，壞于損蠱，家人之在室、旅之在途，既未濟、大小過、大小畜，得失進退之義。雖卦名僅七十九字，而文義坦白，頗足決斷矣！此文王未有卦辭之前已然，況又三百八十四爻示之以變乎？故人苟積誠而筮，則神之告之，卦辭爻辭應合所問。如占婚，而與之咸恒，曰納婦吉，曰勿用取女，曰女歸，吉，曰歸妹，徵凶。占家宅，曰富家，大吉，曰閑有家，悔亡，曰夫妻反目，曰家人嗃嗃，婦子嘻嘻，曰入于其宮，不見其妻。占出行，曰利涉大川，利有攸往，曰不利涉大川，勿用有攸往。占仕進，曰不家食，吉，曰不事王侯，高尚其志。占求嗣，曰有子，考無咎，曰得妾以其子，曰婦孕不育，曰婦三歲不孕。占征伐，曰利用侵伐，曰不利行師。占田獵，曰田獲三品，曰田無禽。諸如此類，皆神鑒其誠而顯告之也，更不必揣摹臆度，別生論斷；若夫彖辭爻辭不應所占之事，然後取動變二爻，各配生剋及長生十二之宮斷其休咎也。

劉伯溫曰：爻神吉而易辭凶，先吉後凶；爻神凶而易辭吉，先凶後吉。

六爻安靜者，以本卦彖辭斷。

一爻動，以動爻之辭斷。

兩爻動，取陰爻爲斷，陰主未來故也。
同陰同陽，取上動之爻辭斷。
三爻動，以中爻之辭斷。
四爻動，取下靜之爻辭斷。
五爻動，取靜爻之辭斷。
六爻動，乾坤二卦，以用九用六之辭斷，餘卦則以變卦彖辭斷也。
按：《從亡錄》所載程濟諸占，皆一爻動者俱取變卦爻辭斷之，無不奇中者。附參。

卦義

乾爲天：乾者，健也。六龍御天之卦，廣大包容之象。
天風姤：姤者，遇也。風雲相濟之卦，君臣會合之象。
天山遯：遯者，退也。豹隱南山之卦，遷善遠惡之象。
天地否：否者，塞也。天地不交之卦，人口不圓之象。
風地觀：觀者，觀也。雲捲晴空之卦，春花競發之象。
山地剝：剝者，落也。去舊生新之卦，群陰剝盡之象。
火地晋：晋者，進也。龍劍出匣之卦，以臣遇君之象。
火天大有：大有者，寬也。金玉滿堂之卦，大明中天之象。
坎爲水：坎者，陷也。船渡重灘之卦，外虛中實之象。
水澤節：節者，止也。船行風橫之卦，寒暑有節之象。

水雷屯：屯者，難也。龍居淺水之卦，萬物始生之象。
水火既濟：既濟者，合也。舟楫濟川之卦，陰陽配合之象。
澤火革：革者，改也。豹變爲虎之卦，改舊從新之象。
雷火豐：豐者，大也。日麗中天之卦，背暗向明之象。
地火明夷：明夷者，傷也。鳳凰垂翼之卦，出明入暗之象。
地水師：師者，衆也。天馬出群之卦，以寡伏衆之象。
艮爲山：艮者，止也。遊魚避網之卦，積小成高之象。
山火賁：賁者，飾也。猛虎負嵎之卦，光明通泰之象。
山天大畜：大畜者，聚也。積小成高之卦，龍潛大壑之象。
山澤損：損者，益也。鑿石見玉之卦，握土爲山之象。
火澤暌：暌者，背也。猛虎陷阱之卦，二女同居之象。
天澤履：履者，禮也。如履虎尾之卦，安中防危之象。
風澤中孚：中孚者，信也。鶴鳴子和之卦，事有定期之象。
風山漸：漸者，進也。高山植木之卦，積小成大之象。
震爲雷：震者，動也。震驚百里之卦，有聲無形之象。
雷地豫：豫者，悅也。鸞鳳生雛之卦，萬物發榮之象。
雷水解：解者，散也。春雷行雨之卦，憂散喜生之象。
雷風恒：恒者，久也。日月長明之卦，四時不忒之象。

地風升：升者，進也。靈鳥翱翔之卦，顯達光明之象。
水風井：井者，靜也。珠藏淵底之卦，守靜安常之象。
澤風大過：大過者，禍也。寒木生花之卦，本末俱弱之象。
澤雷隨：隨者，順也。良工琢玉之卦，如水推車之象。
巽爲風：巽者，順也。風行草偃之卦，上行下效之象。
風天小畜：小畜者，塞也。匣藏寶劍之卦，密雲不雨之象。
風火家人：家人者，同也。入海求珠之卦，開花結子之象。
風雷益：益者，損也。鴻鵠遇風之卦，滴水天河之象。
天雷无妄：无妄者，天災也。石中藴玉之卦，守舊安常之象。
火雷噬嗑：噬嗑者，嚙也。日中爲市之卦，頤中有物之象。
山雷頤：頤者，養也。龍隱深潭之卦，遷善遠惡之象。
山風蠱：蠱者，事也。三蟲食血之卦，以惡害義之象。
離爲火：離者，麗也。飛禽遇網之卦，大明當天之象。
火山旅：旅者，客也。如鳥焚巢之卦，樂極哀生之象。
火風鼎：鼎者，定也。調和鼎鼐之卦，去故取新之象。
火水未濟：未濟者，失也。竭海求珠之卦，憂中望喜之象。
山水蒙：蒙者，昧也。人藏烟草之卦，萬物始生之象。
風水渙：渙者，散也。順水行舟之卦，大風吹物之象。

天水訟∴訟者，論也。從鷹逐兔之卦，天水相違之象。
天火同人∴同人者，親也。游魚從水之卦，管鮑分金之象。
坤爲地∴坤者，順也。生載萬物之卦，博厚無疆之象。
地雷復∴復者，反也。淘沙見金之卦，反覆往來之象。
地澤臨∴臨者，大也。鳳入鷄群之卦，以上臨下之象。
地天泰∴泰者，通也。天地交暢之卦，小往大來之象。
雷天大壯∴大壯者，志也。先順後逆之卦，羝羊觸藩之象。
澤天夬∴夬者，決也。神劍斬蛟之卦，先損後益之象。
水天需∴需者，須也。雲靄中天之卦，密雲不雨之象。
水地比∴比者，和也。衆星拱北之卦，水行地上之象。
兌爲澤∴兌者，悅也。江湖養物之卦，天降雨澤之象。
澤水困∴困者，危也。河中無水之卦，守己待時之象。
澤地萃∴萃者，聚也。魚龍會聚之卦，如水就下之象。
澤山咸∴咸者，感也。山澤通氣之卦，至誠感神之象。
水山蹇∴蹇者，難也。飛雁啣蘆之卦，背明向暗之象。
地山謙∴謙者，退也。地中有山之卦，仰高就下之象。
雷山小過∴小過者，過也。飛鳥遺音之卦，上逆下順之象。
雷澤歸妹∴歸妹者，大也。浮雲蔽日之卦，陰陽不交之象。

繫辭八卦象類歌

乾爲君兮首與馬，卦屬老陽體至剛。坎雖爲耳又爲豕，艮爲手狗男之詳。
震卦但爲龍與足，三卦皆名爲少陽。陽剛終極資陰濟，造化因知不易量。
坤爲臣兮腹與牛，卦屬老陰體至柔。離雖爲目又爲雉，兌爲口羊女之流。
巽卦但爲鷄與股，少陰三卦皆相侔。陰柔終極資陽濟，萬象搜羅靡不遺。

卦名歌

乾姤遯與否，觀剝晋有取。坎節屯既濟，革豐夷師歷。艮賁大畜損，睽履孚漸允。
震豫解恒升，井大過隨生。巽小畜家益，妄嗑頤蠱俱。離旅鼎未濟，蒙渙訟同遇。
坤復及臨泰，壯夬需比派。兌困萃咸蹇，謙小過妹轉。

渾天甲子

乾子午，坎寅申，艮辰戌，震子午。（隔位順安）
巽丑未，離卯酉，坤未丑，兌巳亥。（隔位逆安）

六神捷訣

甲乙青龍丙丁雀，戊勾己蛇相參錯。庚辛却在白虎位，壬癸玄武爲歸着。

不全爻象

山火賁、山天大畜、雷地豫、雷水解、火山旅、火風鼎、地雷復、地天泰、澤天夬、水天需。
以上十卦無父母。
風地觀、山地剝、雷風恒、地風升、水風井、澤風大過。

以上六卦無兄弟。

天山遯、天地否、風地觀、火地晉、山火賁、山天大畜、山澤損、風澤中孚、地風升、水風井、澤風大過、澤雷隨、山雷頤、山風蠱、雷山小過、雷澤歸妹。

以上十六卦無子孫。

天風姤、天山遯、水雷屯、水火既濟、澤火革、地火明夷、火澤睽、天澤履、風澤中孚、風山漸、山水蒙、風水渙、澤山咸、水山蹇、地山謙、雷山小過。

以上十六卦無妻財。

風天小畜、風火家人、風雷益、山雷頤、火山旅、火水未濟、風水渙、天水訟。

以上八卦無官鬼。

俱全爻象

乾爲天、火天大有；坎爲水、水澤節、地水師、雷火豐；艮爲山；震爲雷；巽爲風、天雷无妄、火雷噬嗑；離爲火、天火同人；坤爲地、地澤臨、雷天大壯、水地比；兌爲澤、澤水困、澤地萃。

以上二十卦父、兄、子、財、官俱全。

游魂八卦

火地晉、地火明夷、風澤中孚、澤風大過、山雷頤、天水訟、水天需、雷山小過。

以上八卦世在四爻。

歸魂八卦

火天大有、地水師、風山漸、澤雷隨、山風蠱、天火同人、水地比、雷澤歸妹。

以上八卦世在三爻。

六沖卦

乾爲天、坎爲水、艮爲山、震爲雷、巽爲風、天雷无妄、離爲火、坤爲地、雷天大壯、兌爲澤。

以上十卦六沖。

六合卦

天地否、水澤節、山火賁、雷地豫、火山旅、地雷復、地天泰、澤水困。

以上八卦六合。

年上起月例

甲己之年丙作首，乙庚之歲戊爲頭。

丙辛便向庚寅起，丁壬壬寅順行流。

惟有戊癸何處是，正月始從甲寅求。

如甲子年其正月爲丙寅，乙丑年其正月爲戊寅是也。餘倣此。

日上起時例

甲己還生甲，乙庚丙作初。

丙辛生戊子，丁壬庚子居。

戊癸推壬子，時元定不虛。

如甲子日以甲子時起，乙丑日以丙子時起是也。餘倣此。

定寅時歌

正九五更二點徹，二八五更四點歇。
三七平光是寅時，四六日出寅無別。
五月日高三丈地，十月十二四更二。
十一纔到四更初，便是寅時君須記。

太陽出沒

正月出入乙庚方，二八出兔入鷄腸。三七癸甲入辛地，四六生寅入酉藏。
五月出艮歸乾上，仲冬出巽入坤方。惟有十與十二月，出辰入申仔細詳。

太陰出時

三辰五巳八午真，初十出未十三申。十五酉上十八戌，二十亥上記斜神。
二十三日子時出，二十六日丑時行。二十八日寅時止，三十加來卯上輪。

占戒

戒例：

一、昏德不占：凡占，須齋心盥沐，一誠注念，方能感格，苟或不誠，難希響應。
一、瀆言不占：凡占後，吉凶悉憑爻象，毋率己意，吉處慮凶，凶中慮吉，再覆再占，致瀆先聖。
一、煩瑣不占：每人止卜一二事。《詩》云：我龜既厭，不我告猶。《易》曰：再三瀆，則不告。
一、陰邪不占：先聖有靈，惟正是扶，寧肯黨邪？
一、躁急不占：凡占，冀詳休咎用以趨避，占後須從容詳究，始依卦爻直斷。理必探玄，談何容易？
一、隨日可占：誠則必應，不拘子不問卜及六戊不占之說。

李紱抄本《跋》

易道大矣，微矣！自包羲氏畫八卦，洩盡天地造化之機，其義固不止于占卜，而其爲趨吉避凶，亦寓于是。後賢緣之，以立父子財官兄弟及生旺衰剋以卜休咎，使人知趨避之方。沿及于今，驗者十之二三，其不驗者居其八九：揣其故，實不得其傳耳。予素好易學，每見如《卜筮全書》、《海底眼》、《補遺》、《易冒》、《易隱》諸書，星煞滿紙，且鈎深索僻，竟以四大聖人之書遂同兒戲，絕不在道理著脚，因廢棄不學。丁卯歲，偶得《野鶴老人書》，明白坦易，堪稱後學津梁！其一應星煞駭人觀聽者，概行抹殺，惟以理合數，因數證理。其詞極平，其理實深，較之他書，大相懸絕！因循其論斷，凡事占之，無不其應如響。吁，可謂絕學矣！古云：易者，易也，變易也，坦易也。《野鶴書》堪稱此言！予承乏鹽邑，無所事事，因手錄一編，以識誠敬。至《野鶴書》，如天時、功名、壽元、倫常諸大事，亦概周悉無遺。他煩門細事，間有未備者，後人遇此，恐難取用神，當參以《易冒》、《補遺》二種足矣。中或有與野鶴稍相悖謬者，變而通之，又在居常玩索，臨時權酌于其間耳。

時　康熙三十七年戊寅歲六月

臨川李穆堂題于餐霞齋

清初的官制與科舉制

一、官制

清代官制之特點：第一、在明代的制度上略有改變（如內閣制度，督、撫官制等），較明制爲嚴密，集中國封建社會政權機構之大成。第二、以滿洲貴族爲統治中心，於中樞重要機構分設滿官漢官之制（如內閣有滿大學士、漢大學士；各部有滿尚書、漢尚書等），以收緩和矛盾，任用能臣的實效。第三、地方政權機構比明代整齊，設省增多，官員之任免、陞、調動均有一定之制度，如三年一任，地方官要迴避本籍，規定資歷，定期考核等。第四、加强對邊疆地區的管理。第五、雍正年間所設之『軍機處』爲清代之特制，爲了加强皇權，反使內閣成爲虛設之職。第六、皇權之高，超過明代。第七、『八旗兵』制度，亦爲清代之特制，清初用以平定全國，以後用以鞏固統治。

1. 中樞官制

清在定都北京以前，官制簡單。負責軍事者爲八旗總管大臣（八大貝勒）及佐管大臣。負責政務刑獄者爲議政王大臣、理事十大臣。清太宗時，設三館（國史、秘書、弘文），置八承政。清世祖順治帝定都北京以後，採用明代制度，對官制有所改革。

以太師、太傅、太保爲『三公』，少師、少傅、少保爲『三孤』。三公、三孤與太子三太、三少（如『太子太傅』、『太子少保』），均爲兼官、加官或贈官。

設內閣，爲最高政務機構，初設大學士滿、漢各二人，協辦大學士滿、漢各一人，以及學士、侍讀

學士、中書等官。

康熙時，爲了咨詢的方便，在乾清宮之旁，設南書房，經常選派翰林入值，以備顧問。

設六部，各部有尚書、左右侍郎。各部分設清吏司，吏部四司、戶部十四司、禮部四司、兵部四司、刑部十八司、工部四司，每司有郎中、員外郎、主事等官。

清代於舊都盛京（今瀋陽）設五部，即戶、禮、兵、刑、工部。每部有侍郎、郎中、主事等官，不設尚書。各部均分司辦事，組織規模較北京六部爲簡，權力亦小。

清代中樞機構，於六部之外，尚有都察院、詹事府以及各寺。

設理藩院，原稱『蒙古衙門』。其規模及地位相當於六部。有管理院務大臣、尚書、左右侍郎等官，掌管蒙、回、藏各族事務。

設內務府，爲專管皇室事務的特殊機構，有內務府總管大臣，以王、公或大臣兼任，所屬有七司三院。七司爲廣儲、會計、掌儀、都虞、愼刑、營造、慶豐等司。三院爲上駟、奉宸、武備等院。宦官（太監）歸內務府管轄。

設翰林院，有掌院學士、侍讀學士、侍講學士以及侍讀、侍講、修撰、編修、檢討、庶吉士等，均稱爲翰林官。翰林院掌『國史筆翰，備左右顧問』。設國史館，掌修國史，又有經筵講官、日講起居註官等。

設國子監，有管理監事大臣、祭酒、司業等官。下屬四廳、六堂，有博士、助教、學正、學錄等官。

清代遇有重大事件，由皇帝特派大員前往處理，稱爲『欽差大臣』，事畢則撤銷。

清代中樞各機構之長官，大都滿、漢並置，有的還加設蒙古官，而實權在滿官之手。

2. 地方官制

清定都北京之後，以北京爲順天府，以其舊都瀋陽爲奉天府。順天府有管府尹事大臣、尹、丞以及治中、通判、經歷等官。奉天府機構大體相同。

劃全國爲若干大區，每區有總督一人，掌『厘治軍民、綜治文武、察舉官吏、修飾封疆』。總督之加銜，有大學士、右都御史、兵部尚書等。總督轄地，有的爲一省，如四川；有的爲兩省，如兩湖、兩廣；有的爲三省，如兩江總督轄蘇、皖、贛三省；陝甘總督轄陝、甘、新三省。清代較長時期設八總督，此外尚設有專職性的總督，如河督、漕督等。

劃全國爲若干省，各省設巡撫，爲一省行政長官。巡撫的加銜，爲右副都御史、兵部右侍郎等。在河南、山東、山西等省專設巡撫，不設總督。直隸、四川、甘肅等省以總督兼巡撫。督、撫除個別情況外，一般不設在同一城中，如兩江總督駐江寧，江蘇巡撫駐蘇州。

各省設承宣布政使司，通稱『藩司』，爲一省民政、財政機構，有布政使等官。江蘇設兩個布政使，一爲江寧布政使，一爲蘇州布政使，是特例。

在各省設提刑按察使司，通稱『臬司』，爲一省的司法機構，有按察使等官。

在各省設提督學政（後改稱提學使），掌管學校教育。

在重要產鹽地區設都轉鹽運使司鹽運使，有的地方則設鹽法道。有的地方設鹽政，往往以總督或巡撫兼之。

全國各省設道，道有道員，清代的道員略如明制，名目繁多：有管理專業者，如河道、海關道、巡警道、勸業道等。有管理某一地區者，如蘇州道、淮揚海道等。管理地區之道又有分巡道、分守道之別。

省下設府，每府有知府、同知、通判等官。

各省設州，州有兩種，一爲屬州（散州），相當於縣；一爲直隸州，相當於府而直屬於省。州有知州、州同、州判等官。

全國各地設縣，縣有知縣、縣丞、主簿、典史等官吏。

各府、州、縣均設儒學，稱爲『府學』、『州學』、『縣學』，大體沿用明制。

3. 軍事官制

有兩個系統：一是八旗兵，一是綠營兵。

八旗兵有的駐防首都，即禁旅八旗，滿、蒙、漢軍各八旗共二十四旗，每旗設都統一人，副都統二人。有的分駐全國各地，即駐防八旗，統之者爲將軍、都統、副都統等。

清代的綠營兵制（軍旗用綠色），士兵爲漢族人，駐防各省，大體上駐於省者設提督（稱軍門），駐於道者，設總兵（稱鎮），以下有副將（稱協）、參將、遊擊、都司、守備、千總、把總等軍官。由各總督直接統帥指揮的綠營兵稱督標，由巡撫直接統帥指揮的稱撫標，由提督直接統帥的稱提標。這些標兵，稱爲中軍，實際是警衛部隊。

二、科舉制

公元1644年，清王朝建立之後，范文程建議採用明王朝科舉取士的制度，他的建議得到了清統治者的採納，決定於順治二年（公元1645年）秋八月舉行鄉試，三年（公元1646年）春二月舉行會試。並且規定：『嗣後以子、卯、午、酉年鄉試，丑、辰、未、戌年會試。奉特旨開科，則隨時定期。』清代的科舉制度從此開始了。

1. 童試

清代的學校，和明代一樣是科舉的必由之路。府、州、縣學的學生，稱爲生員，即秀才。未取得生員資格的知識分子，不論年齡大小，都稱爲儒童或童生。童生要取得生員的資格，必須經過縣試、府試和院試。這一係列的考試，總稱爲童試。清代對童試俗稱小考。

縣試，由各縣的知縣（隸屬於府的各州、廳爲知州、同知）主持。考試的日期，通常是在二月。考試分四場或五場：第一場爲正場，第二場爲招復，亦稱初復，第三場爲再復，第四、五場爲連復。每場一天，黎明前點名入場，限當日交卷。考試的內容，主要是《四書》文、試帖詩、《性理》論或《孝經》論。此外，還要默寫《聖諭廣訓》百餘字。第一場錄取從寬，凡被錄取者都可參加府試。以後各場是否續考，聽憑自願。每場考試之後，都要發榜，稱爲『發案』。最後一次發榜，纔將所有被錄取的考生，依名次排列，用真名實姓發案，稱爲長案。長案的第一名稱爲縣案首。考試結束後，由縣署造具名册送交本縣儒學署，並申送本府或直隸州、廳參加府試。

府試，由各府的知府（各直隸州的知州，直隸廳的同知）主持。考試日期多在四月。因故未參加縣

試的童生，必須補試一場，纔能參加府試。府試的場次、内容、方法等都和縣試略同。府試錄取的第一名稱府案首。考試完畢，由府（直隸州、廳）造具清册申送學政，參加院試。

院試，是童試中最關鍵的一次考試。順治（公元1644年—公元1661年）初年，直隸、江南設提督學政，其餘各省設提學道。雍正四年（公元1726年）將各直省學政一律改爲學院。所以，由學政主持的考試，稱爲院試。

學政的職責是『掌一省學校士習文風之政令』。三年一任，於子、卯、午、酉年八月由皇帝親自選派，『一經領敕，次日即行赴任』。到任之後，就要依次巡視所屬學校，第一年舉行歲試，第二年舉行科試，歲試和科試都稱院試，從童生中考選生員，就是歲試和科試的基本任務之一。

童生的入學考試，清初用《四書》文、《孝經》論各一篇，《孝經》題少，又從《性理》、《太極圖說》、《通書》、《西銘》、《正蒙》中命題。後來規定，正場試《四書》文二，復試《四書》文、《小學》論各一。

歲試和科試，都在各府或直隸州、廳的治所舉行。一切有關考試的組織工作，都由各府的知府，各直隸州、廳的知州、同知負責，稱提調官。考試的試場，在學政的『駐扎衙門』，或稱考棚，或稱貢院。考畢由學政閲卷取錄，被取錄者的卷子經鈐蓋學政關防，發交提調官拆卷、編號、檢驗與編號册姓名相符後，填榜發案，錄取的第一名稱爲院案首。

生員的錄取名額，與當地文風的高下、錢糧丁口的多少有十分密切的關係。清代初年，將府、州、縣學分爲大、中、小三類。順治四年（公元1647年）定：大學四十名，中學三十名，小學二十名。順治十五年（公元1658年）又定：大府二十名，大州、縣十五名，小州、縣四名或五名。康熙九年（公元1670年）再

定：大府、州、縣仍照舊額，中學改爲十二名，小學七名或八名。後來又屢有增廣和永遠增廣的名額。

被錄取的新生，須填寫履歷表，當時稱爲親供。親供由各屬教官審核並蓋上印鑒後，匯送學政。學政在考棚大堂召集新生行簪花禮。留州縣的稱州縣學生員，撥往府學的稱府學生員。各府、州、縣接到學政發下的新生名單（俗稱紅案）後，即通告新生於某日雀頂藍袍齊集官署大堂設宴簪花，並由各府、州、縣官率領，到文廟拜謁孔子，到學宮明倫堂拜見學官，算是正式入學了。府、州、縣學的學宮，都有一個半圓形的水池，稱爲泮水，所以稱府、州、縣學爲泮宮，稱入學爲入泮。明代稱初入學的人爲附學生員，清代沿襲了這一名稱，稱爲附生。此外，還有庠生、茂才、博士弟子員等名稱，而最普遍的稱呼則是秀才。

新生入學後，要在校學習，直到下一次新生入學纔能畢業。在這期間，教官負責考核，有月課，有季考，除考《四書》文外，兼試策論。月課、季考的第二天，講《大清律》中有關刑名、錢穀的重要規定若干條。每月召集全體生員於明倫堂誦《臥碑文》和《訓飭士子文》。除丁憂、患病、遊學、有事故外，不應月課三次者戒飭，終年不應的取消生員資格。

取得生員資格以後，還要參加以後學政『按臨』時舉行的歲試和科試。清初規定：歲、科兩試，都是《四書》文兩篇，經文一篇。自從禁止給燭以後，不出經題。

歲試、科試，都按成績分爲六等：文理平通者爲一等，文理亦通者爲二等，文理略通者爲三等，文理有疵者爲四等，文理荒謬者爲五等，文理不通者爲六等。並要按等進行獎懲，稱『六等黜陟法』。它的內容比較繁密，要瞭解它，須得從清代生員的等級說起。清代生員可分三等，一等叫廩膳生員，簡稱廩生，每年可以從國庫領取白銀四兩，這銀子被叫作『廩餼銀』；二等叫增廣生員，簡稱增生；三等叫附學生員，簡稱附生。生員的法定服色是藍袍，如因故受罰，則改穿青衫，稱爲青衣；縣學以下，各鄉還設有社

學，本是供童生讀書的地方，如生員因故受罰，被府、州、縣學遣送到社學，則稱之爲『發社』。

『六等黜陟法』規定：凡考列一等的，不管是增生、附生，還是青衣、發社，統統都有資格『補廩』，即填補廩生的缺額，成爲廩生。但廩生名額有限，不一定能馬上補廩，則附生以下都補增生；如增生名額也不足，則青衣、發社都補附生。等到廩生有缺額時，這些取得補廩資格的生員就可以依次遞補。等待補廩稱爲『候廩』。原來被停發廩餼銀或降級的廩生、增生可以恢復原來等級。二等，增生補廩生，附生以下都可以補增生；如果沒有增生缺額，青衣、發社可以恢復爲附生；廩生停廩或降爲增生者可以恢復爲廩生；增生降附生的可恢復爲增生，但不許補廩。三等，曾被停廩但未降爲增生者，可以候廩；增生降附生的，可以恢復；青衣和發社可以恢復爲附生。但由廩生降爲增生的不准恢復。四等，廩生免挨板子，暫時保留廩生名號，但要『停餼』，限讀書六個月，再補考。原來已受過停餼處分的廩生則不准補考。增生以下，就得挨板子了。五等，是廩生的，要被停廩，從廩生名額中除名，但不降爲增生；已被停廩者，則要降爲增生；是增生的降附生，附生降青衣，青衣發社，發社者黜爲民。六等，當廩生十年以上者，受發社處分，六年以上的廩生和十年以上的增生，罰充本處吏役，其他統統黜爲民。但入學不到六年的從輕發落，發往社學。

評定等第之後，接著進行『發落』。發落時，先拆六等卷，唱名發給試卷，看畢繳回，令其先散。然後拆其他各等試卷，逐一唱名，發給本人閲看，看畢繳回，分別進行賞罰。一、二等賞絹紗、絨花、紙、筆、墨；三等前十名賞紙花、紙、筆；四等以下，按規定給予處分。發落完畢，一、二等生員在鼓樂導引下由中門出，三等由東角門出，四、五等由西角門出。發落時缺席者革頂戴。

生員參加科試，凡名列一、二等及三等名列前茅（大省前十名，中、小省前五名）者，就取得了參加鄉試的資格。其他名列三等的生員及因故未能參加科試的生員，在鄉試之年的七月下旬，還可以參加

學政主持的錄科考試，錄科未取及未參加科試、錄科的生員，還可以參加一次錄遺與大收的考試，錄科、錄遺的考試內容完全和科試一樣，只要被錄取，就可以參加鄉試。公元1739年，乾隆在一篇上諭中說：『各省學政考試生童，爲士子進身之始。』童試的重要性就在這裏。

2. 清代的最高學府

清代的國子監，是統治階級培養人才的最高學府。它既是進入仕途的橋樑，又是向科舉制度的金字塔攀登的階梯。

清初，沿襲了明代的制度，南京和北京都設有國子監。順治七年（公元1650年），改南京國子監爲江寧府學，保留了北京國子監，稱爲國學，亦稱太學。

國子監的學生來源廣泛。《清史稿》說，國子監『肄業生徒，有貢、有監。貢生凡六：曰歲供、恩貢、拔貢、優貢、副貢、例貢。監生凡四：曰恩監、蔭監、優監、例監。蔭監有二：曰恩蔭、難蔭。通謂之國子監生』。皇帝恩賜入監的稱恩監，貴族官僚的子弟因祖、父爲朝廷效力或死於國事而得以入監的稱爲蔭監，由增生、附生優選入監的稱優監，由俊秀（優秀的童生）援例報捐的監生稱例監，由廩生、增生、附生或俊秀監生援例報捐貢生的稱爲例貢。在國子監生中，最爲人們重視的是歲貢、恩貢、拔貢、優貢、副貢，合稱五貢。由五貢出身而任官職的人和舉人、進士一樣，稱之爲正途，和雜流出身者不同。

歲供，亦稱挨貢，每年或兩三年從府、州、縣學中選送廩生陞入國子監肄業。

恩貢，是皇帝特別恩賜的貢生。凡遇皇帝登極或其他慶典而頒布恩詔之年，除歲貢外再加選一次，稱爲『恩貢』。

拔貢，又稱選貢。初定六年一次，由各省學政選拔文行兼優的生員，貢入京師，稱爲拔貢生，簡稱拔

貢。同時，經朝考合格，入選者一等任七品京官，二等任知縣，三等任教職；更下者罷歸，謂之廢貢。

優貢，在清代與拔貢並重。每三年各省學政於府、州、縣在學生員中選拔文行俱優者，與總督、巡撫會考核定數名，貢入京師國子監，稱爲優貢生。經朝考合格後可任職。

副貢，各省直鄉試，有文理優長，限於名額者取作副榜，副榜貢入太學，稱爲副貢。

每逢鄉試之年，在國子監肄業的貢生和監生，經國子監考試錄科，就可以參加鄉試。在籍的貢生和監生，願到北京參加鄉試的，必須在這年的二月（福建、廣東、雲南、貴州、四川、湖南等省可延至四月）到監肄業，纔能由國子監錄科。其他的貢生和監生，則由學政錄科，參加各直省的鄉試。貢生和監生，雖然要在鄉試錄取之後纔能成爲舉人，這一點和生員一樣，但是，他們却可通過其他考選途徑進入官場任職，其身份已和府、州、縣學的廩、增、附生不同，因而他們已和舉人一樣，可以戴金雀頂冠，穿青綢藍邊的公服和披領了。

3. 鄉試

清代鄉試，沿襲了明代的制度，每三年一科，於子、卯、午、酉年舉行，稱爲正科。遇登極、萬壽等慶典，特詔舉行的，稱爲恩科。慶典適逢正科之年，則以正科爲恩科，而正科或於前一年預行，或於後一年補行。《周禮・地官・鄉大夫》有『三年則大比，考其德行道藝而興賢能者』的記載，所以，人們稱鄉試爲大比之年。鄉試取中者爲舉人。

清代鄉試，除直隸不派考官，參加順天鄉試之外，其他各省都在省城舉行。考試的試場稱爲貢院。

清代鄉試，共分三場。順治三年（公元1646年）規定：首場試《四書》三題，《五經》各四題，考生可自選一經。二場試《孝經》論一篇，詔、誥、表各一通，判五條。三場試經史時務策五道。康熙二

年（公元1663年）廢八股文，以策、論、表、判取士。分爲三場：第一場，試策五道；第二場，試《四書》論一篇，經論一篇、表一道、判五條。康熙七年（公元1668年），恢復舊制，仍用八股文。試《四書》、《五經》。這時，考生大都不作詔、誥，形同虛設，康熙二十年（公元1681年），下令刪去。原來的論題，專用《孝經》，因《孝經》論題很少，康熙二十九年（公元1690年）議准：『嗣後將《性理》、《太極圖說》、《通書》、《西銘》、《正蒙》一並命題。』此後，清代鄉試的內容仍有許多的改變。

清代鄉試，例於秋八月舉行，稱爲『秋闈』。初九日第一場，十二日第二場，十五日第三場。都是前一天點名領卷入場，後一天交卷出場。三場試題，除順天頭場試題由皇帝『欽命』外，其他兩場試題和各省試題一樣由考官自行擬定。

鄉試中額，依文風之高下，人口之多寡，丁賦之輕重而定，所以各直省中額多少不一。按中額錄取的稱爲正榜。正榜之外，還有副榜。順治二年（公元1645年）規定：『省直鄉試卷，有文理優長，限於額數者，取作副榜，與正榜同發。』副榜的中額，最初各直省從六名到二十名不等。康熙十一年（公元1672年）議准：『省直鄉試，每正榜中額五名，設副榜中額一名。』此後成爲定制。副榜與正榜雖然同時發布，但是，中副榜者要取得舉人的資格，還必須在以後的鄉試中取入正榜。

清初規定：省直放榜日期，大省於九月五日前，中、小省於八月末。發榜多在寅日或辰日，而寅屬虎，辰屬龍，於是人們稱之爲『龍虎榜』。放榜的時候，正值桂花盛開，所以人們又稱之爲『桂榜』。

舉人除可參加會試外，尚可入仕。可以經吏部考選，挑爲知縣或教職。即各省之府學、州學、縣學之學官。

4.會試

清代的會試和明代一樣是由禮部主持的全國性的考試，稱爲『禮闈』。參加考試的人，必須是各省直鄉試中式的舉人。但是，鄉試中式並不等於取得了參加會試的資格。舉人在參加會試之前，還必須經過磨勘和復試。

磨勘，是清中央政府對各省直鄉試進行檢查的一項重要措施。順治二年（公元1645年）規定：各省直鄉試填榜之日，監臨督同外簾官將朱墨卷逐一查對，如果朱卷字號沒有差錯，墨卷文字沒有關節可疑之處，『即用印鈐蓋，差人星夜解部，以憑磨勘』。

磨勘試卷，目的是『防弊竇，正文風』。磨勘時，『首嚴弊幸，次簡瑕疵』。從考生的試卷以至考試的各個環節，都在磨勘的範圍之內。如果考生的試卷有文體不正，字句可疑，全篇勦襲，朱、墨卷不符，策文所答非所問等情況，即行斥革。如有不遵傳註、俚言諧語，不避廟諱、御名、至聖（孔子）諱，謄真用行書、草書，文中引用後代史實和書名等情況，則罰停會試一科至三科。主考、同考也將因情節的輕重，分別受到罰俸、革職和革職提問的處分。

清代初年，鄉試之後並不進行復試。順治十四年（公元1657年），順天、江南鄉試都發生了考官收受賄賂，徇私舞弊的事件。爲了『嚴絕弊竇』，順治十五年（公元1658年），順治親自對兩闈舉人分別進行復試。這是清代鄉試復試的開始。

清代會試，有正科和恩科之分，在鄉試正科的次年舉行的稱爲會試正科，在鄉試恩科次年舉行的稱爲會試恩科。會試，就是集中會考的意思。

舉人參加會試，必須先由自己提出申請，經審查合格，順天由順天府，各省由布政使司發給咨文赴

禮部投遞，稱爲『起送』。發給咨文的同時，還要發給路費。順治八年（公元1651年）規定：『舉人公車，由布政使給於盤費。』所以『公車』就成了應試舉人的代稱。

會試的時間，清初定於二月。

會試分三場，每場三日。初九日爲第一場，考《四書》三題，題號『欽命』試題，其它同鄉試項目。十二日爲第二場，十五日爲第三場，考試項目同鄉試。前一日點名入場，後一日交卷放出。

會試中式，沒有定額。順治三年（公元1646年），首次舉行會試，取中四百名。順治四年（公元1647年），再行會試，取中三百名。順治九年（公元1652年），倣明代舊例，分南、北、中卷，共中四百名。順治十二年（公元1655年），中卷併入南、北卷。此後，中卷屢分屢併，或在南、北、中卷中更分左右，或專取四川、廣西、雲南、貴州四省各編字號，分別中一、二、三名。因爲南、北卷中，未經分別省分，以致各省取中人數多寡不均，邊遠省分或致遺漏。

會試放榜日期，清初沒有具體規定，由主考官公同議定，移送禮部奏聞。康熙二十六年（公元1687年），定爲三月初五日。會試中式稱爲貢士，會試的第一名稱爲會元。

放榜之後，新貢士的朱、墨卷也要由皇帝選派大臣進行磨勘，新貢士要到禮部填寫親供並在殿廷復試。磨勘、復試均按鄉試條例辦理。磨勘、復試合格，就取得了參加殿試的資格，否則將按情節的輕重被罰停殿試一科或一科以上直至除名。下第的舉人，可以繼續參加以後的會試，也可以通過揀選、大挑、截取等途徑進入仕途。

5. 殿試

清代的殿試，和明代一樣，是最高一級科舉考試，由皇帝親自主持。

殿試，在會試之後舉行。清初，二月會試，三月發榜，四月初殿試。

殿試的地點，最初是在天安門外。順治十五年（公元1658年），禮部以『臨軒策士，大典攸關』，奏准『於太和殿前丹墀考試』。如遇風雨，則試於太和殿的東西兩廡。

殿試的內容是經史時務策一道，從清初至清末相沿不變。每策包括三至五題。清初多爲三題，約二、三百字。康熙（公元1662年-公元1722年）以後，多爲四題，有時爲五題，約五、六百字，甚至一千餘字。策目問條，最初由內閣預擬。

殿試的對策，以一日爲限，不准給燭，亦不准携出補寫。不能完卷者，列入三甲之末。

殿試，是以皇帝的名義發策，所以評閱殿試卷稱爲讀卷。傳臚，於讀卷後一日舉行，典禮非常隆重。傳臚，即殿試後宣讀皇帝詔命唱名，其制始於宋代，進士在集英殿宣唱名次之日，皇帝至殿宣唱，由閤門承接，轉傳於階下，衛士六七人皆齊聲傳名而高呼。清代則在太和殿唱名，共分三甲。第一甲賜進士及第，第二甲賜進士出身，第三甲賜同進士出身。其中第一甲第一名爲狀元，第一甲第二名爲榜眼，第一甲第三名爲探花。一甲三人姓名，都傳唱三次，稱爲『傳臚三唱』。

傳臚後，新進士還要在保和殿參加朝考，內容是論、疏、詩各一道，試題由皇帝親命，當日交卷。朝考試卷，由閱卷大臣擬定一、二、三等進呈，前十卷的名次，亦由皇帝親定。一等第一名稱爲『朝元』。按照清代的規定，一甲三名在殿試揭曉後立即授職，狀元授翰林院修撰，榜眼、探花授翰林院編修。其他進士，則按復試、殿試、朝考三次所得等第的數字，分別授以庶吉士、主事、中書、行人、評事、博士、推官、知州、知縣。至於在殿試朝考時文字謬誤或犯規的進士，則以知縣歸班，不予分發。

進士，是科舉的終點，也是仕途的起點。在清代的政治舞臺上，許多飛黃騰達的人物，都是由進士

出身的，即使不做官，進士也有很高的社會地位。

6. 武科

清王朝建立後，沿襲明代的制度，在開設文科的同時，開設武科。武科和文科一樣分童試、鄉試、會試和殿試四級進行考試，被錄取的人，分別有武生、武舉、武進士等稱號。文武兩科，殊途並進。

武童試，三年舉行一次，於學政到任的第一年舉行。先經縣試、府試，然後由學政進行院試。學政到達任所，即巡視所屬各學，舉行歲考，『先文生，次文童，將文案發過，然後考試武生、童』。

武科鄉試，亦三年一次，以子、卯、午、酉年爲正科，逢慶典爲恩科。這年十月，直隸、奉天在順天府，各省在布政司進行考試，中式者稱爲武舉。次年九月，各省武舉會集北京進行會試，中式者稱爲武進士。武科會試，也和文科一樣，以丑、辰、未、戌年爲正科，逢慶典爲恩科。

武殿試是清代武科的最高一級考試。順治二年（公元1645年）定，會試之後，於十月內舉行殿試，具體日期，由兵部擬定具奏請旨。

武進士傳臚在太和殿，御殿典禮與文進士大體相同。一甲三名賜武進士及第，二甲若干名賜武進士出身，三甲若干名賜同武進士出身。一甲一、二、三名，分別稱爲武狀元、武榜眼、武探花。

傳臚後，武進士分別以武職錄用。順治三年（公元1646年）規定：一甲一名授參將，二名授遊擊，三名授都司；二甲授守備；三甲授署守備。

本文摘編自臧雲浦、朱崇業、王雲度《歷代官制・兵制・科舉制表釋》（江蘇古籍出版社，1997年）與王道成《科舉史話》（中華書局，1988年）等書。

鼎升與弟子卦例選

鼎升按：以下諸例，俱爲鼎升與弟子姬哲（水若寒）女士、宋飛宏（天道子）先生、涂金珠（如意）女士日常所占，略作整理，粗鄙不堪，當不值讀者方家一哂。

未月丙午日，友自述搬進新辦公室後，身體衰弱，重感冒無法治愈。問是否辦公室風水有礙。蹇之萃——

	子水	子孫	〃		
	戌土	父母	丶		
世	申金	兄弟	ㄨ	亥水	子孫
	申金	兄弟	○	卯木	妻財
	午火	官鬼	〃		
應	辰土	父母	〃		

時爲立秋前二日。觀此卦世爻官尅洩氣，衰弱、感冒無疑，又世臨四爻門戶，二處申金發動，化出亥卯。斷曰：西南方窗邊有金屬一類的四方物品，不止一件，此物不利。友對曰：西南方窗下有十餘鋁合金鏡框。囑其移走，立秋後當病有好轉。一周後得到反饋，身體已恢復如前。

寅月己卯日，某人測鑰匙丟在何處。革之无妄——

		ㄨ	未土	官鬼	戌土	官鬼
		丶	酉金	父母		
伏	世	丶	亥水	兄弟		
午火 妻財		○	亥水	兄弟	辰土	官鬼
		〃	丑土	官鬼		
	應	丶	卯木	子孫		

上爻鬼剋世，二亥換象，亥入辰庫。斷曰：當爲精神恍惚中遺失在洗手間。後果從洗手間找回。

寅月丙子日，某論壇上有問，山東魯能隊能否從亞洲冠軍杯的小組賽中出綫。否之剝——

應	丶	戌土	父母		
	○	申金	兄弟	子水	子孫
	○	午火	官鬼	戌土	父母
世	〃	卯木	妻財		
	〃	巳火	官鬼		
	〃	未土	父母		

官鬼旺相，被五爻變出子水日建沖。斷可以出綫，但也僅此止步。問卦之人隨即將結果貼至山東魯

能隊官方論壇，遭衆球迷『封建迷信』之嘲笑。後果山東魯能隊戰勝橫濱水手隊出綫，但在八分之一決賽中慘敗給伊蒂哈德隊。

辰月戊子日，某建築設計師聽聞其參與設計的某工地某樑出現細微裂縫，問原因爲何？是否爲設計問題？既濟之家人——

伏神	世應	爻	本卦		變卦	
	應	ㄨ	子水	兄弟	卯木	子孫
		、	戌土	官鬼		
		〃	申金	父母		
伏 妻財午火	世	、	亥水	兄弟		
		〃	丑土	官鬼		
		、	卯木	子孫		

上爻爲樑，兄弟臨日建化子孫，又沖世下妻財午火；妻財爲建築材料，逢沖可半合官鬼戌土，官鬼戌土是問題所在，而妻財上亥水也與午火合，午火加戌土加亥水，正是燥土遇水當爲水泥。斷必然不是設計問題，當是水泥標號一類引發裂縫。後得到反饋，此裂縫沒有設計者的任何責任，檢測報告顯示裂縫深度不大，但普遍性强，認定是混凝土攪拌過程中出現了問題。至此始悟亥水字形有攪拌之象，而官鬼戌土臨五爻道路，正是水泥罐車邊攪拌邊運輸，卦象表現的極爲傳神。

巳月乙卯日，射覆，左手所持辦公用品是什麼？比卦——

應　世

〃　ヽ　〃　〃　〃　〃

子水　戌土　申金　卯木　巳火　未土

妻財　兄弟　子孫　官鬼　父母　兄弟

官鬼世臨日建，合五爻戌土，巳申合又夾卯世，斷爲訂書機。驗。

巳月辛亥日，與人合開銀飾店，前景如何。否之遯——

應　世

ヽ　ヽ　ヽ　ㄨ　〃　〃

戌土　申金　午火　卯木　巳火　未土

父母　兄弟　官鬼　妻財　官鬼　父母

申金

兄弟

財世卯合父母戌土，化兄回頭剋，巳火暗動而合兄。斷已經有所投資，但心中無底，最終會通過朋友撤出，破費少許。後反饋已交店面訂金，又通過朋友將店面轉出，少有損失。

申月辛酉日，女問何時有孕。同人之中孚——

應	丶	戌土	子孫		
	丶	申金	妻財		
	○	午火	兄弟	未土	子孫
世	○	亥水	官鬼	丑土	子孫
	ㄨ	丑土	子孫	卯木	父母
	丶	卯木	父母		

官鬼亥水持世與父母卯木轉角化，丑土旬空，酉丑半合。斷曰：宮寒，需中藥調理，如調理得當，丑月可有孕；輸卵管有輕微堵塞；以前有流産史。因此人後來再未見過，不知丑月是否懷孕，但其餘俱驗。又斷臥室床對面有電視機，或洗手間地面有塌陷，影響受孕。當時此人正準備在臥室床對面放一臺電視機，又由於房子質量的問題，洗手間的地面有一邊低很多。當時建議將地面補平。

午月丁卯日，問計算機故障。睽卦——

	丶	巳火	父母
	〃	未土	兄弟
世	丶	酉金	子孫
	〃	丑土	兄弟
	丶	卯木	官鬼
應	丶	巳火	父母

世爻子孫酉金，酉金爲裸露，子孫爲娛樂，被月建父母尅，被日建官鬼沖。斷是上網瀏覽黃色網站，計算機被强行安裝了互相沖突的流氓軟件，致操作系統癱瘓。驗。

酉月乙亥日，男問女朋友送他什麽禮物。咸之遯——

	應	ㄨ	未土	父母	戌土 父母
		丶	酉金	兄弟	
		丶	亥水	子孫	
伏 卯木 妻財	世	丶	申金	兄弟	
		〃	午火	官鬼	
		〃	辰土	父母	

申酉金空而換象，金空則鳴，三爻爲手，化進至五爻，爲將手放到耳朵邊；六爻父母化進，有文件解壓縮的象；財爲女友，臨朱雀生官鬼午火，也是發聲的東西，又都去合六爻。斷女朋友送他一個手機

彩鈴，彩鈴的內容是溫柔地管他。驗。

亥月乙丑日，妻妹離家出走，兩日不歸。蒙之師——

○	寅木	父母			酉金 妻財
〃	子水	官鬼			
〃	戌土	子孫	世	伏	酉金 妻財
〃	午火	兄弟			
丶	辰土	子孫			
〃	寅木	父母	應		

父化財回頭剋，世下又伏財爻。當是與父母爭執後離家，卯日沖伏合世可回。果然是與其母吵架後離家，卯日回。

酉月乙丑日，問與朋友合作藥品生意。大壯之鼎——

世　　　　　　應
×　〃　丶　丶　丶　○
戌土　申金　午火　辰土　寅木　子水
兄弟　子孫　父母　兄弟　官鬼　妻財
巳火　　　　　　　　　　　　丑土
父母　　　　　　　　　　　　兄弟

世爲己，應爲人。應爻財被回頭合住，世爻又入戌庫，戌土臨玄武。斷曰：財被對方把持，賺錢很難，而且藥品是假的，當心被官方查處。後反饋，卦主將生意交給朋友全權打理，朋友進了一批假藥，而供貨方據說也是被人騙了。目前血本無歸，雙方均已報案。

申月乙亥日，問網上購買的自行車何時收到。比卦——

應　　　　　　世
〃　丶　〃　〃　〃　〃
子水　戌土　申金　卯木　巳火　未土
妻財　兄弟　子孫　官鬼　父母　兄弟

父母爲車，被亥水財沖則賣方發貨，入五爻戌庫，戌爲在道路上運輸，戌又與世卯合。斷辰日沖戌庫時可收到。驗。

丑月乙卯日，自占，代問某女嗓子痛，吃通宣理肺丸對症否？履之兌——

世　　　　應
○　丶　丶　〃　丶　丶
戌土　申金　午火　丑土　卯木　巳火
兄弟　子孫　父母　兄弟　官鬼　父母
未土
兄弟

世子應鬼，動兄生世，對症無疑。又斷其寒氣入肺，內有虛火，當是著凉所致，吃通宣理肺丸後寅時會醒，有汗出。第二日此女反饋，服藥後果於寅時汗出而醒，早起嗓痛愈半。遂又據此卦斷其肝鬱、虛火旺、脾胃不化、有婦科類囊腫或炎症、偏頭痛、肩痛，俱驗。後爲其擬一方，淮山薏仁粥與通宣理肺丸同服，可健脾胃而消肝鬱。此人據方服用兩月後去醫院檢查，發現卵巢囊腫消失，竟不用再做手術。

酉月丁未日，男問駕車撞一中年婦人，致其右腿骨折，雙方因手術費爭執不下，何時爲其手術可最大限度減少後續傷痛與經濟的麻煩？渙之中孚——

伏神	世應	爻	本卦	六親	變卦
		、	卯木	父母	
	世	、	巳火	兄弟	
伏 酉金 妻財		〃	未土	子孫	
		〃	午火	兄弟	
	應	、	辰土	子孫	
伏 卯木 父母		╳	寅木	父母	巳火 兄弟

巳火世爻臨道路、驛馬，四爻伏下酉金白虎，爲道路爲凶險，酉沖初爻下伏的父母卯木，寅、卯空。可斷卦主正常行駛而中年婦人步行違章横穿馬路，中年婦人很隱蔽突然地出現，卦主刹車不及引發車禍。後得知卦主跟隨前車正常行駛，在肇事路段前車過去後，卦主駕車緊跟而中年婦人突然横穿馬路，刹車不及引發車禍。後擇庚戌日爲其手術，手術雖然很成功，但因中年婦人家屬繼續取鬧且對中年婦人的營養跟不上，醫生說營養差將影響傷口愈合，卦主見中年婦人一家收入甚低，出於同情，又再給其一筆營養費後了結。了結的原因還有交警判定卦主已經盡責，其餘款項應由中年婦人一方承擔，中年婦人家屬爲省錢計，遂不再糾纏，轉院回農村老家繼續治療。

戊月壬午日，男問能否請到探親假回家探望妻子？解之豫——

	應			世	
〃	〃	、	〃	○	〃
戌土	申金	午火	午火	辰土	寅木
妻財	官鬼	子孫	子孫	妻財	兄弟
				巳火	
				子孫	

五爻旬空臨螣蛇，定是坐飛機；辰土化巳火，巳火合申金，夫妻和合。斷申金出空後的辰日出發，巳日可與妻子團聚。卦主反饋說巳日是周六，如果請假成功的話，一定是乘周五辰日晚上的飛機，當日無論如何可以到家。後果請假成功，辰日晚乘飛機回家，但一來飛機晚點，二來下飛機後打車困難，巳日子時方纔到家。

酉月丙子日，占何日雨。得隨之屯——

應	丶丶	未土	妻財	
	丶	酉金	官鬼	
	○	亥水	父母	申金 官鬼
世	丶丶	辰土	妻財	
	丶丶	寅木	兄弟	
	丶	子水	父母	

又見亥水父動，知寅日而必雨也。何也？亥水父動，動而逢合之日，亦應寅日。

某日有朋友自行車丟失，打電話問我能尋回否？我正校註至《增刪卜易・天時章》中的此卦，遂借卦以斷。五爻官臨玄武空，四爻父母又化出官鬼空，斷是在路上丟失，臨空爲不見，尋不到賊人；世本爲父母之庫，但可惜被月合爲閉庫。直斷找不回來。果然此車至今未找回。

辰月乙丑日，占爲兄長借錢作擔保，有風險否？漸之巽——

官鬼	卯木	ヽ	應	伏 子水 妻財
父母	巳火	ヽ		
兄弟	未土	〃		
子孫	申金	ヽ	世	
父母	午火	ㄨ	亥水 妻財	
兄弟	辰土	〃		

衰父剋世，化出衰財，世申子孫入墓於日建。斷不可擔保，否則因兄長無力還款，自身將有損失。後因礙於手足情面，爲兄擔保，至還款日其兄生意賠累，爲兄墊付借款兩萬元。後其兄只還了卦主八千元，至今再無還款意向。

卯月己巳日，問考碩士研究生如願否？頤之益——

伏 亥水 父母

世 ⺀ 戌土 妻財

⺀ 辰土 妻財

⺀ 寅木 兄弟

應 丶 子水 父母

丶 寅木 兄弟

ㄨ 子水 父母 巳火 子孫

斷不會被想報考的專業錄取，是父母子水化絕，錄取人數少的緣故，但二爻下伏藏的亥水父母亦可爲用，可以換專業來學，花些錢可被錄取。後得知卦主考試成績超過錄取分數線，但因錄取人數少而未被錄取，後換專業學習，但每年要交高昂的學費。

寅月甲辰日，問電視情節如何發展？咸之革——

伏神	世應	爻	本卦		變卦
	應	〃	未土	父母	
		丶	酉金	兄弟	
		丶	亥水	子孫	
	世	丶	申金	兄弟	
伏 卯木 妻財		〃	午火	官鬼	
伏 巳火 官鬼		ㄨ	辰土	父母	卯木 妻財

某日晚看電視臺一檔法制節目，說山西某縣某村有不少人家祖墳被挖。警方在現場勘查時，發現屍體還在，排除了配陰婚的可能；主家人緣不錯，排除了報復的可能；主家經濟差，隨葬品幾乎沒有什麼，又排除了盜墓的可能。就在這時，插播廣告，主持人留下懸念：祖墳被挖究竟是什麼原因？我立刻用手機上的排卦軟件隨機排出此卦。

初爻父母辰土，化出妻財卯木回頭克，伏下官鬼巳火為墳墓所在，怎麼看也像是盜墓；變爻卯木與二爻下伏藏卯木互換，卯木生午火官鬼，似乎也是盜墓；而辰動，與卯木沖動的五爻酉金白虎合，也是活生生的強挖亂拆盜墓的象。

但主持人卻言之確確不是盜墓，我也只好放下手機繼續看節目。

結果情節的發展卻證實了我的判斷。祖墳被挖，是山西煤礦整合後失業的一夥礦工所為。據交待，

他們盜墓時先看墓碑，如果是女子的墓葬則挖開，伸手進棺材裏摸首飾，摸到什麼拿什麼；如果是男子的墓葬或者沒有墓碑的則不下手。

未月辛巳日，女問是否有孕？艮之蠱——

世	丶	寅木	官鬼	
	〃	子水	妻財	
	〃	戌土	兄弟	
應	丶	申金	子孫	
	ㄨ	午火	父母	亥水　妻財
	〃	辰土	兄弟	

斷是否有孕有一訣竅，如果二爻遇官鬼旺相，或者二爻雖不是官鬼，但與別處旺相的官鬼有關聯，幾乎就可以斷是有孕了。具體到此卦，官鬼寅木在六爻，衰而入月墓，雖與二爻半合，但是二爻午火又被月建合住，寅午無法作合；二爻變出的妻財亥水雖也與寅木官鬼合，但亥水遇日破，寅亥亦無法作合。直斷無孕。驗。

申月庚午日，問女兒去哪了？益之家人——

兄弟	卯木	丶	應		
子孫	巳火	丶			
妻財	未土	〃			
妻財	辰土	乂	世	亥水	父母
兄弟	寅木	〃			
父母	子水	丶			

開學第一天，去學校門口接女兒放學。但從11時一直等到11時30分，仍不見女兒踪影，遂用手機上的排卦軟件隨機排出此卦。

子孫巳火居五爻，月合而日建扶之，平安無疑；臨勾陳，被月建申金官鬼合住；父母子水暗動，與世爻辰土、月建申金三合父母局而克制。幾處看下來，斷是女兒和別的同學有事被老師留住了。

又看世爻辰土化出父母亥水沖巳火，看來我得自己找去了。

再看何時找到。父母局被午火沖散，午時就可以；但是畢竟午時父母爻仍然發動，那麼當在11時40分至11時50分之間，合父母子水之時找到。

我隨即和保安說明情況，進教學樓尋找，果然在教室窗戶外看見女兒正在整理東西。進教室問女兒，原來是她和另外一名班幹部被班主任留住整理暑假社會實踐的表格。我又低頭看表，是11時44分。

領女兒出校門時遇到班主任，班主任也很訝異，說並沒有安排今天必須整理完，但女兒和另外一名班幹部誤解了班主任的意思，11時放學後主動留下來，堅持整理完了。

一家長電話求測，問孩子鎖骨骨折，保守治療好，還是打鋼釘治療好？事發突然，我立刻用手機上的排卦軟件隨機排出兩卦。

酉月壬辰日，問保守治療如何？渙之蒙——

				、	卯木	父母		
	伏		世	○	巳火	兄弟	子水	官鬼
酉金		妻財		、、	未土	子孫		
				、、	午火	兄弟		
			應	、	辰土	子孫		
				、、	寅木	父母		

酉月壬辰日，問打鋼釘治療如何？需之井——

	、、	子水	妻財		
	、	戌土	兄弟		
世	、、	申金	子孫		
	、	辰土	兄弟		
	、	寅木	官鬼		
應	○	子水	妻財	丑土	兄弟

前卦妻財酉金臨四爻鎖骨位置，酉為骨頭，取為用神。子孫為治療手段，臨勾陳為患處腫脹，飛爻燥土未生酉金，這是不正常的土生金，據此可斷骨頭增生。又見巳火五爻化官鬼回頭克，臨騰蛇，巳為子孫的原神，原神受克不美，當主病情反復。

後卦子孫申金持世，月扶日生，明顯比前卦要好。但是申子辰畢竟有合水局之意，水局泄金氣，這是骨頭不能受力的象。但申金可入墓於變爻丑土，可知手術治療效果也還不錯。

我隨即將結果告知家長，家長說我的判斷和醫生一致：因孩子骨折較嚴重，已做復位但效果不好，也建議手術治療。

我當時建議手術日期不要超過寒露節氣，家長遵囑施行。幾個月後得到反饋，孩子手術後恢復得非常好。

丑月壬午日，週一，占滬市股票熊貓煙花（600599）本週走勢？解卦——

	、、	戌土	妻財
應	、、	申金	官鬼
	、	午火	子孫
	、、	午火	子孫
世	、	辰土	妻財
	、、	寅木	兄弟

財子俱旺，六靜卦，待漲之象。未日午火逢合；申酉日空官得出，莊家故布疑陣，會有低點；戌日沖世辰財會大漲。遂在當日午日全倉買入。本週走勢果如卦中所示。週五戌日漲停，但我因太忙，未及看盤也未及賣出。第二週週一丑日開盤前，又占一卦。

丑月己丑日，週一，占滬市股票熊貓煙花（600599）本週走勢？夬之訟——

　世　　　　應

ㄨ　丶　丶　〇　丶　〇

未土　酉金　亥水　辰土　寅木　子水

兄弟　子孫　妻財　兄弟　官鬼　妻財

戌土　　　　午火　　　　寅木

兄弟　　　　父母　　　　官鬼

財爻被日月建克，又被六爻未土化進戌土、三爻辰土來克，而子孫爻土多金埋，將跌之勢明顯；二爻官鬼寅木，初爻財爻又化官鬼寅木，這是錢將進入莊家口袋的提示！而第二日即是寅日，莊家出現。遂在當日跳空沖高開盤時全倉賣出。當日此股高位橫盤，第二日寅日即開始陰跌，四年多後才又漲回當日最高點。

辰月丁未日，某易友在其博客貼出此卦，請大家根據卦象，判斷其參與了運動會中哪一項集體項目？可否小組出線？訟卦——

子孫	戌土	丶		
妻財	申金	丶		
兄弟	午火	丶	世	伏酉金妻財
兄弟	午火	〃		伏亥水官鬼
子孫	辰土	丶		
父母	寅木	〃	應	

既是集體項目，則彼此同心。二午火兄弟臨三四爻，與日建子孫合，兄弟為手，子孫為力；三爻伏藏亥水臨螣蛇，為扭動的繩象，亥水又與午火作合是手握繩子；四爻伏下酉金妻財臨白虎，午火來克，辰土月建來合，是發力的器械。綜合可斷是拔河。又二午相較，世應相較，世可小組出線無疑。驗。

丑月己巳日，問背上生瘡，正輸液治療，何時可愈？同時又問外敷珍黃丸對症否？困之兌——

父母	未土	〃		
兄弟	酉金	、		
子孫	亥水	、	應	
官鬼	午火	〃		
父母	辰土	、		
妻財	寅木	ㄨ	世	巳火　官鬼

近病化沖即愈之症；世木臨螣蛇化出官鬼巳火，發熱上火引起；巳火日建沖四爻子孫亥水，四爻為背，沖空即愈，但旬內畢竟為空，斷出空後戊亥日可愈。又亥為醫藥，陰水藏陽，而珍黃丸組方為珍珠、牛黃、三七、冰片、豬膽汁、黃芩、薄荷油，內中豬膽汁正是亥水遇寅木膽之象，遂直斷此藥對症。後得到反饋，卦主又輸液一次後，改用珍黃丸外敷，亥日取下藥膏後，發現已徹底痊癒。

寅月辛丑日，夜，聽朋友傳言，太原24小時內有大地震，遂用手機上的排卦軟件隨機排出此卦。觀之益——

	丶	卯木	妻財		
	丶	巳火	官鬼		
世	〃	未土	父母		
	〃	卯木	妻財		
	〃	巳火	官鬼		
應	乂	未土	父母	子水	子孫

父母朱雀持世暗動，自己被地震傳言驚動；下卦坤變震；初爻父母白虎土動：幾處結合都象有地震。但初爻未土雖動，卻變出子孫子水，子孫被日建丑土合。傳言不實。

為慎重起見，又手搖一卦。震卦——

世			應		
⺀	⺀	丶	⺀	⺀	丶
戌土	申金	午火	辰土	寅木	子水
妻財	官鬼	子孫	妻財	兄弟	父母

雖臨震宮，但是世臨蛇，丑戌刑，虛驚一場；又初爻白虎逢合。絕無地震。

我隨即將預測結果告知朋友。第二日看新聞，方知前一晚地震傳言影響極大，山西省很多地方的人徹夜上街等地震。

又琢磨此二卦，前卦至午日沖子合未，後卦至午日沖子，午日西南方當有地震，但太原不受影響。後至午日雲南楚雄發生5.1級地震，二十餘萬人受災，正是初爻為邊陲，未為西南之象。

梅花占美國前總統克林頓心臟搭橋手術吉凶。

2004年9月6日子時（甲申年壬申月戊子日壬子時），見某論壇上有討論美國前總統克林頓心臟搭橋手術吉凶的帖子，帖主據克林頓八字斷克林頓當年壽終。我隨即起出梅花卦參與討論：克林頓爲乾，心臟爲離，加子時變離爲火，互出天風。主變三火剋一乾金，可知克林頓心臟病病情嚴重，但秋令金旺無恙，待戌月離火入庫，可全愈。又互出天風，巽卦被乾金所剋，巽爲通順，也爲酸脹，被剋即是血管硬化不通，但乾變離爲光明通透之象，變卦離亦上下比合，手術必然成功。後克林頓果然手術成功，又於當年立冬後11月9日術後首次公開露面。

八字卦占某男壬申、癸酉時所作何事。

丁亥年戊申月己亥日乙亥時，某男戲問當日壬申、癸酉時所作何事。起出第五柱乙卯與第六柱甲戌待用。

申爲庚祿，合乙卯，乙庚組合爲線、管道，又壬申時旺水合弱丁，換象則金水帶電，當是與電線有關；酉沖身卯，月上戊申是異性，乙祿合之，戊也是異性，當爲出門與幾個女子玩樂。後反饋申時整理家中電線，酉時出門與幾個女子打麻將。始悟酉爲方塊，酉上癸爲偏財，自然是打麻將去了。

參考書目

一、版本

《增刪卜易》（影印本），古吳陳長卿梓，清康熙年間，故宮博物院藏版，木刻十二卷
《野鶴老人書》（影印本），李紱抄本，1698年（清康熙三十七年），十五卷
《重鐫增刪卜易》，敦化堂藏板，清乾隆年間，木刻四卷
《增刪卜易》（殘本，佚一、二卷），刻板商不詳，清嘉慶年間，木刻六卷
《校正增刪卜易》（影印本），莫鍊石書局，1907年（清光緒三十三年），石印四卷
《增刪卜易》（殘本，佚四、五、六卷），刻板商不詳，清光緒年間，木刻六卷
《增刪卜易》（影印本），掃葉山房，清光緒年間，木刻四卷
《校正增刪卜易》（影印本），上海大成書局，1921年（民國十年），石印四卷
《校正增刪卜易》，上海廣益書局，民國年間，石印四卷
《校正增刪卜易》，上海廣益書局，民國年間，石印四卷巾箱本
《校正增刪卜易》（影印本），上海錦章書局，民國年間，石印四卷
《校正增刪卜易》，上海錦章書局，民國年間，石印四卷巾箱本
《增刪卜易》（影印本），日本早稻田大學藏版湖社叢話抄本，年代不詳
《增刪卜易》，海洋出版社，1992年6月1版1刷，六卷
乾元亨：《增刪卜易校評》，國防大學出版社，1993年9月1版1刷，四卷

山東大學周易研究中心函授班專用教材：《增刪卜易》，1993年10月18日，四卷
《白話繪圖點校增刪卜易》，華齡出版社，1994年12月1版1刷，四卷
《考證增刪卜易》，[臺]集文書局有限公司，1996年6月再版
吳霖：《野鶴占卜全書》，[臺]宋林出版社，1997年初版2刷
張清吉校點：《丁耀亢全集》，中州古籍出版社，1999年3月1版1刷，十五卷
鄭景峰：《增註第一卜書》，[臺]大孚書局有限公司，1999年12月初版1刷，十五卷
《重編野鶴卦書》，[臺]如意堂書店，1999年12月30日初版，四卷
《野鶴老人占卜全書》，[臺]武陵出版有限公司，2005年2月4版5刷，七卷
王虎應：《增刪卜易評釋》，[星]時輪造化有限公司，2006年6月1版1刷，四卷
徐宇蓁：《補註野鶴占卜全書》，[臺]宋林出版社，2006年10月初版2刷
韓少清：《增刪卜易》，中國戲劇出版社，2007年1月1版1刷，十二卷
孫正治：《增刪卜易》（上、下），中國戲劇出版社，2007年1月1版1刷，十二卷
胡焰棠策劃主編：《白話野鶴占卜全書》，[臺]文國書局，2009年7月1版1刷，六卷
鄭同點校：《野鶴老人占卜全書》（京氏易精粹4），華齡出版社，2010年3月1版1刷，六卷

二、文獻

《卜筮全書》（影印本），金閶翁少麓梓行，1630年（明崇禎三年），木刻十四卷
《易冒》（影印本），江蘇巡撫採進本，1664年（清康熙三年），木刻十卷
《卜筮正宗》（影印本），鳳梧樓藏版，1709年（清康熙四十八年），木刻十四卷

《碑傳集》，江蘇書局校刊，1893年（清光緒十九年）
《斷易天機》，上海萃英書局，1928年（民國十七年）
張廷玉等：《明史》，中華書局，1974年4月1版1刷
張友鶴輯校：《聊齋誌異》，上海古籍出版社，1962年7月第1版，1978年4月新1版1刷
《筆記小說大觀》，江蘇廣陵古籍刻印社，1983年12月1版1刷
魏源：《聖武記》，中華書局，1984年2月1版1刷
葉瑛校注：《文史通義校注》，中華書局，1985年5月1版1刷
《清實錄》，中華書局，1985年6月1版1刷
《八旗通志》，東北師範大學出版社，1985年9月1版，1986年9月1刷
郭志城、李郅高、劉英傑：《中國術數概觀》（卜筮卷），中國書籍出版社，1991年3月1版1刷
凌濛初：《二刻拍案驚奇》，海南出版社，1992年10月1版1刷
萬民英：《星學大成》，北京師範大學出版社，1993年5月1版1刷
《卜筮全書》，中州古籍出版社，1994年7月1版1刷
《欽定協紀辨方書》（四庫術數類叢書），上海古籍出版社，1994年9月1版10刷
《卜筮正宗》，中州古籍出版社，1994年9月1版1刷
紀昀：《全本閱微草堂筆記》，巴蜀書社，1997年6月1版1刷
吳敬梓：《儒林外史》，人民文學出版社，1997年11月1版1刷
錢泳：《履園叢話》，中華書局，1997年12月1版2刷

趙爾巽等：《清史稿》（縮印點校本），中華書局，1998年1月1版1刷
程良玉：《易冒》，內部資料，1998年
董含：《三岡識略》，遼寧教育出版社，2000年1月1版1刷
蕭吉：《五行大義》，上海書店出版社，2001年12月1版1刷
徐升：《淵海子平》，海南出版社，2002年3月1版2刷
紹南文化：《易經》，廈門大學出版社，2002年4月1版2刷
余懷：《板橋雜記》，青島出版社，2002年11月1版1刷
《斷易神卜奇書・斷易海底眼・斷易鬼靈精》，[臺]育林出版社，2003年7月初版
鄭景峰：《最新標點卜筮正宗》，[臺]武陵出版有限公司，2004年6月4版3刷
何清谷：《三輔黃圖校釋》，中華書局，2005年6月1版1刷
錢海岳：《南明史》，中華書局，2006年5月1版1刷
吳俊民：《命理新論》，[臺]吳俊民發行，2006年8月20版
韓少清：《易林補遺》，中國廣播電視出版社，2006年12月1版1刷

三、辭書

《辭源》（修訂本），商務印書館，1979年7月修訂1版1刷
《古漢語常用字字典》，商務印書館，1979年9月1版1刷
朱保炯、謝沛霖：《明清進士題名碑錄索引》，上海古籍出版社，1980年2月1版1刷
《辭海》，上海辭書出版社，1980年2月1版2刷

錢實甫編：《清代職官年表》，中華書局，1980年7月1版1刷
萬國鼎：《中國歷史紀年表》，中華書局，1982年10月1版2刷
臧勵和等：《中國古今地名大辭典》，商務印書館香港分館，1982年據1931年初版重印
《同義詞詞林》，上海辭書出版社，1985年1月1版3刷
《中國古代史教學參考地圖集》，北京大學出版社，1985年4月2版2刷
于石、王光漢、徐成志：《常用典故詞典》，上海辭書出版社，1985年9月1版1刷
顏毓書等：《萬條成語詞典》，黑龍江人民出版社，1986年2月1版1刷
《古今漢語成語詞典》，山西人民出版社，1986年7月1版2刷
《現代漢語詞典》，商務印書館，1988年1月2版89刷
徐成志等：《事物異名別稱詞典》，齊魯書社，1990年5月1版1刷
朱一玄、耿廉楓、盛偉：《聊齋誌異辭典》，天津古籍出版社，1991年1月1版1刷
陳永正等：《中國方術大辭典》，中山大學出版社，1991年7月1版1刷
《中國歷史大辭典·清史卷》，上海辭書出版社，1992年11月1版1刷
楊宗義等：《難字大字典》，西南師範大學出版社，1995年8月1版1刷
顧靜：《中國歷代紀年手册》，上海古籍出版社，1995年12月1版1刷
《新華字典》，商務印書館，1999年5月9版150刷
《中華字海》，中國友誼出版公司，2000年3月2版1刷
張同標、高映泉：《楷書異體字字典》，河南美術出版社，2004年4月1版1刷

《古代漢語字典》，商務印書館國際有限公司，2005年1月1版1刷
江慶柏：《清代人物生卒年表》，人民文學出版社，2005年12月1版1刷
許惟賢整理：《說文解字注》，鳳凰出版社，2007年12月1版1刷
季旭昇總審訂：《新編東方國語辭典》，[臺]東方出版社，2009年5月初版2刷
周何總主編：《國語活用辭典》，[臺]五南圖書出版股份有限公司，2009年7月3版18刷

四、專著

孫殿起：《販書偶記》，中華書局，1959年8月1版1刷
毛春翔：《古書版本常談》，中華書局，1962年10月1版1刷
王利器：《李士楨李煦父子年譜》，北京出版社，1983年8月1版1刷
胡朴安：《古書校讀法》，江蘇古籍出版社，1985年7月1版1刷
周錫保：《中國古代服飾史》，中國戲劇出版社，1986年10月1版2刷
王道成：《科舉史話》，中華書局，1988年6月1版1刷
彭雨新：《清代土地開墾史》，農業出版社，1990年5月1版1刷
王鳳陽：《漢字學》，吉林文史出版社，1992年11月1版2刷
王紹曾主編：《山東文獻書目》，齊魯書社，1993年12月1版1刷
蘇培成：《標點符號實用手冊》，中國社會科學出版社，1994年4月1版1刷
周臘生等：《清代狀元奇談・清代狀元譜》，紫禁城出版社，1994年5月1版1刷
張清吉：《丁耀亢年譜》，南京大學出版社，1996年6月1版1刷
臧雲浦、朱崇業、王雲度：《歷代官制・兵制・科舉制表釋》，江蘇古籍出版社，1997年4月1版4刷

侯福興主編：《中國歷代狀元傳略》，中國人事出版社，1998年12月1版1刷
徐芹庭：《細說易經》，中國書店，1999年2月1版1刷
樊樹志：《國史概要》（第二版），復旦大學出版社，2000年3月2版1刷
趙伯陶：《秦淮舊夢》，濟南出版社，2002年10月1版1刷
楊樹達：《古書句讀釋例》，中華書局，2004年4月1版2刷
陳垣：《史諱舉例》，中華書局，2004年5月新1版1刷
陳垣：《校勘學釋例》，中華書局，2004年7月新1版1刷
劉力紅：《思考中醫》，廣西師範大學出版社，2004年7月2版4刷
張舜徽：《中國古代史籍校讀法》，雲南人民出版社，2004年11月1版1刷
李澤厚：《論語今讀》，生活・讀書・新知三聯書店，2005年7月1版5刷
秦伯未：《中醫入門》，人民衛生出版社，2006年1月1版1刷
陳江：《明代中後期的江南社會與社會生活》，上海社會科學院出版社，2006年4月1版1刷
余同元：《崇禎十七年》，東方出版社，2006年10月1版1刷
柏楊：《中國歷史年表》，海南出版社，2006年11月1版1刷
馮友蘭：《中國哲學史》，華東師範大學出版社，2006年12月1版8刷
王子今：《中國盜墓史》，九州出版社，2007年1月1版1刷

後記

『《易》曰：「蓍之德圓而神，卦之德方以智。」閒嘗竊取其義，以概古今之載籍，撰述欲其圓而神，記注欲其方以智也。夫智以藏往，神以知來，記注欲往事之不忘，撰述欲來者之興起，故記注藏往似智，而撰述知來擬神也。藏往欲其賅備無遺，故體有一定，而其德爲方；知來欲其決擇去取，故例不拘常，而其德爲圓。』

清人章學誠在《文史通義》中留下的這段文字，語高旨深，實爲後世著書人之準繩。然而於我來說，在勉力校註《增删卜易》時，雖然每每存有『方以智』之心，却總嘆才疏學淺，不堪勝任；也曾心羨『圓而神』的境界，將廿餘載習易心得撰作了《感觸六爻》，然而與野鶴、覺子等先賢相比，又每嘆高下雲泥，無力企及，只好藏拙至今。

我一直以來將『爲先賢繼絕學，爲後世留經典』作爲自勵之語，是因爲我心底裏有個願望，就是將納甲史上的重要典籍一一校註出來，然而校註所需的卦學功底、國學功底、版本功底，哪一樣，我也不完全具備，只好且行且住，慢慢來過。

在此書成書的過程中，給過我幫助的人太多太多。

首先要感謝臺灣臺北市的賴芃縈女士，我們結識於網絡，却被海峽兩岸阻隔，至今緣慳一面。賴女士在知悉我有校註《增删卜易》的想法之後，特意與賴詳皓先生一道從臺灣國家圖書館影印出清康熙三十七年（公元1698年）的李紱抄本《野鶴老人書》，又驅車赴臺中市如意堂書店購買如意堂本《重編野鶴卦書》，託人輾轉相贈。

還要感謝為我提供其它版本與文獻的蔡秀明女士、潘文欽先生、梁建業先生、張勁松先生；感謝提出建議並提供歷史線索的周光虎先生、劉瑞峰先生、韓興甫先生。

當然也要感謝多年以來亦師亦友的段建業先生、王虎應先生、楊效璋先生、趙宇先生、程曉智先生、劉昌明先生、黎光先生、劉金寶先生；感謝我的弟子姬哲女士、宋飛宏先生、涂金珠女士；感謝我的博客上支持、關注我的朋友們。

最後，還要感謝我狡猾可喜的小女霏霏，從她四歲開始，每每告訴她我要寫書，她就從不打擾我。現在她已經十二歲了，而我也已逾不惑，沒有陪她度過一個更加快樂的童年，我想，是我這個作父親的，最大的愧疚。

2015年9月
李凡丁（鼎升）於山西太原城西水系抱月湖畔
441352211@qq.com
http://blog.sina.com.cn/zengshanbuyi

中華非物質文化遺產研究會
心一堂 文化中心
聯合主辦

易學・術數・養生・太極拳 課程

六爻入門・深造・《增刪卜易》理論研討
導師：李凡丁先生（本書作者）

玄空風水入門・中級・高級・精研・深造班
導師：李泗達先生（《玄空風水心得》作者）
張靖楠老師（《沈氏玄空古籍揭秘》作者）

巒頭風水入門・深造
心一堂資深導師

易學入門 紫微斗數入門 紫微斗數深造
導師：潘國森先生（《斗數詳批蔣介石》作者）

太極拳的秘密・內功、行功與揉手

『太極拳』是優秀的中華非物質文化遺產，內容包括武學與養生，博大精深。然而，一般以為緩慢地模仿太極拳套路外形動作便是太極拳，其實是誤解。所謂『練拳不練功，到老一場空』，太極拳其實有內練的功法。可惜過去多是秘傳，知者甚少。根據楊氏太極拳宗師楊建侯宗師的再傳弟子汪永泉先生傳承的講法『內功太極拳（老六路），其獨特之處，不僅在招式，當中有動有靜，著重內功。根據行者的年齡、身體情況、練習招或術、養生或技擊等，姿勢可以大或小，高或低、快或慢……太極拳本無特定之招式，為教學之故，非不得已通過招式、套路、推手（揉手）、器械等去掌握內功與外形的配合、陰陽動靜等。』（按：見〈太極拳的七個台階〉，《汪永泉傳楊氏太極拳功札記（附珍影集）》心一堂有限公司出版。）

導師：汪永泉傳楊氏太極拳研究會資深導師

詳情、查詢、報名：心一堂
電話：（八五二）六七一五〇八四〇
地址：香港九龍尖沙咀東好時中心LG61室
電郵：sunyatabook@gmail.com
網址：http://institute.sunyata.cc
Facebook: www.facebook.com/sunyatabook

占筮類			
1	擲地金聲搜精秘訣	心一堂編	沈氏研易樓藏稀見易占秘鈔本
2	卜易拆字秘傳百日通	心一堂編	
3	易占陽宅六十四卦秘斷	心一堂編	火珠林占陽宅風水秘鈔本
星命類			
4	斗數宣微	【民國】王裁珊	民初最重要斗數著述之一；未刪改本
5	斗數觀測錄	【民國】王裁珊	失傳民初斗數重要著作
6	《地星會源》《斗數綱要》合刊	心一堂編	失傳的第三種飛星斗數
7	《斗數秘鈔》《紫微斗數之捷徑》合刊	心一堂編	珍稀「紫微斗數」舊鈔秘本
8	斗數演例	心一堂編	
9	紫微斗數全書（清初刻原本）	題【宋】陳希夷	斗數全書本來面目；有別於錯誤極多的坊本
10－12	鐵板神數（清刻足本）——附秘鈔密碼表	題【宋】邵雍	無錯漏原版秘鈔密碼表　首次公開！
13－15	蠢子數纏度	題【宋】邵雍	蠢子數連密碼表打破數百年秘傳　首次公開！
16－19	皇極數	題【宋】邵雍	清鈔孤本附起例及完整密碼表研究神數必讀！
20－21	邵夫子先天神數	題【宋】邵雍	附手鈔密碼表研究神數必讀！
22	八刻分經定數（密碼表）	題【宋】邵雍	皇極數另一版本；附手鈔密碼表
23	新命理探原	【民國】袁樹珊	子平命理必讀教科書！
24－25	袁氏命譜	【民國】袁樹珊	
26	韋氏命學講義	【民國】韋千里	民初二大命理家南袁北韋 北韋之命理經典
27	千里命稿	【民國】韋千里	
28	精選命理約言	【民國】韋千里	
29	滴天髓闡微——附李雨田命理初學捷徑	【民國】袁樹珊、李雨田	命理經典未刪改足本
30	段氏白話命學綱要	【民國】段方	民初命理經典最淺白易懂
31	命理用神精華	【民國】王心田	學命理者之寶鏡

32	命學探驪集	【民國】張巢雲	發前人所未發 稀見民初子平命理著作
33	澹園命談	【民國】高澹園	
34	算命一讀通——鴻福齊天	【民國】不空居士、覺先居士合纂	
35	子平玄理	【民國】施惕君	
36	星命風水秘傳百日通	心一堂編	
37	命理大四字金前定	題【晉】鬼谷子王詡	源自元代算命術
38	命理斷語義理源深	心一堂編	稀見清代批命斷語及活套
39-40	文武星案	【明】陸位	失傳四百年《張果星宗》姊妹篇　千多星盤命例　研究命學必備
相術類			
41	新相人學講義	【民國】楊叔和	失傳民初白話文相術書
42	手相學淺說	【民國】黃龍	民初中西結合手相學經典
43	大清相法	心一堂編	重現失傳經典相書
44	相法易知	心一堂編	
45	相法秘傳百日通	心一堂編	
堪輿類			
46	靈城精義箋	【清】沈竹礽	沈氏玄空遺珍 玄空風水必讀
47	地理辨正抉要	【清】沈竹礽	
48	《玄空古義四種通釋》《地理疑義答問》合刊	沈瓞民	
49	《沈氏玄空吹虀室雜存》《玄空捷訣》合刊	【民國】申聽禪	
50	漢鏡齋堪輿小識	【民國】查國珍、沈瓞民	
51	堪輿一覽	【清】孫竹田	失傳已久的無常派玄空經典
52	章仲山挨星秘訣（修定版）	【清】章仲山	章仲山無常派玄空珍秘 門內秘本首次公開 沈竹礽等大師尋覓一生末得之珍本！
53	臨穴指南	【清】章仲山	
54	章仲山宅案附無常派玄空秘要	心一堂編	
55	地理辨正補	【清】朱小鶴	玄空六派蘇州派代表作
56	陽宅覺元氏新書	【清】元祝垚	簡易・有效・神驗之玄空陽宅法
57	地學鐵骨秘　附　吳師青藏命理大易數	【民國】吳師青	釋玄空廣東派地學之秘
58-61	四秘全書十二種（清刻原本）	【清】尹一勺	玄空湘楚派經典本來面目 有別於錯誤極多的坊本